漢字のエロス

水野栗原

古代文字から読み解く「女」漢字

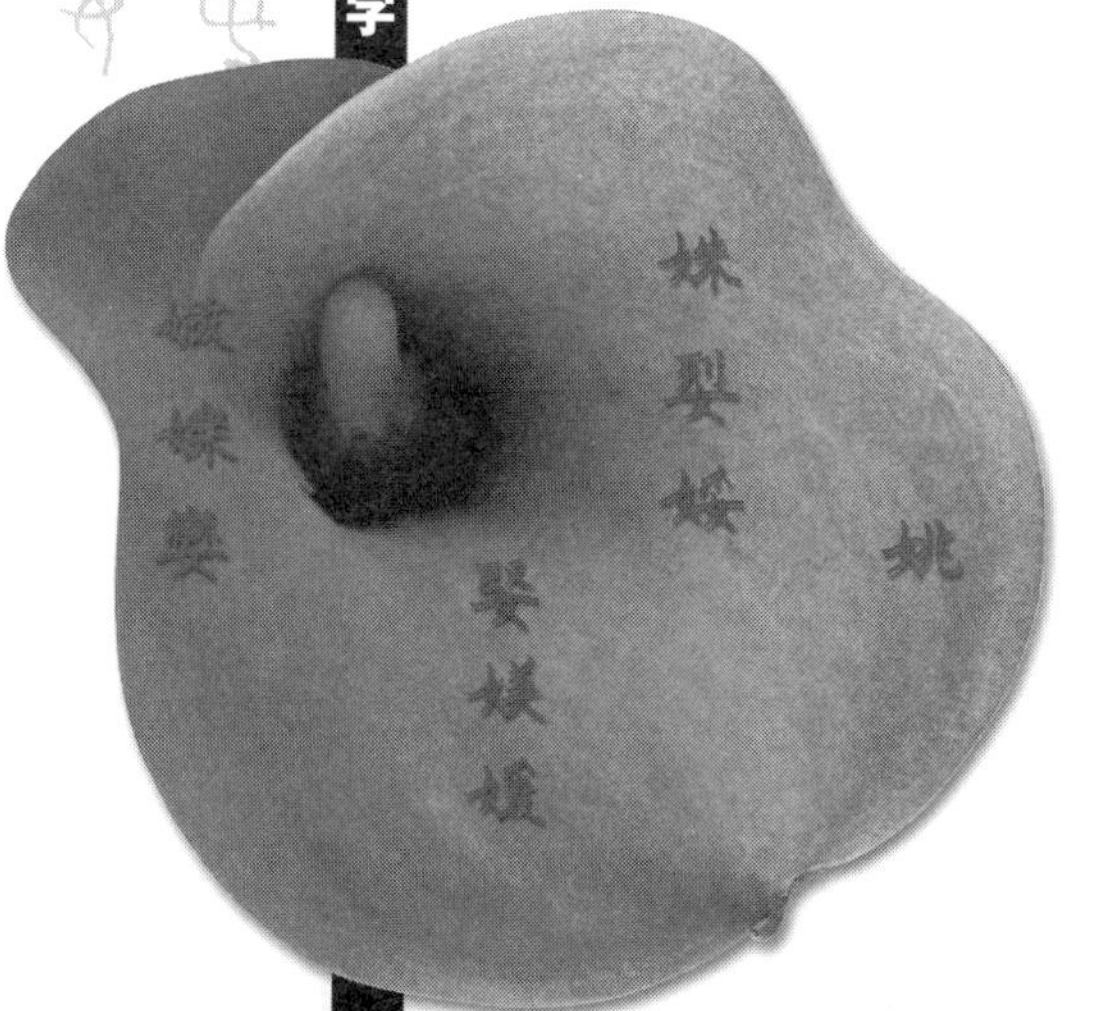

雄山閣

■漢字のエロス―古代文字から読み解く「女」漢字―■

目次

序　その一

常用漢字世代が大半を占めつつある今日、よほどのことがないかぎり旧字体と称する正字に触れる機会はなく、文字のルーツを知るなど思いもよらないばかりか、とんだ俗説をものしり博士から伝授されることになる。そのものしり博士が誰だったか、そしてその書名すらも忘れたが、「駅」という文字について、次のように解説した書物があったことを記憶している。

『昔は馬が交通手段で、人や荷物を運んでいました。「えき」とは、今日のようなステーションをいうのではなく、大切な馬に水を飲ませたり飼い葉を与えて休息させるところで、そこには自然に人が群がるようになり宿場町が形づくられていきました。「尺」がついているのは、昔は尺貫法といって、約三十センチを一尺といい、それが六尺で一間、六十間で一丁（町）とよび、三十六丁（町）を一里（三九二七メートル）と定めていたのですが、長さの基準になっていた単位の「尺」を付けて、駅を設ける場所が自然にある間隔をおいて定められたことから、馬ヘンと尺を合体させてできあがった文字です。漢字とはこのように、ヘンにもツクリにもそれぞれの意味があるのです……』

と、ざっとこんな風な文章だった。たとえそれが小学生向きに語られた解説とはいえ、これは断然許し難い。こんなものがまかり通っては困る。小学生だからなおのこと許せない誤りである。その時そんな感想を強く抱いたが義憤を覚えながらも浅学の故に手を出し兼ねた。駅の誤りを正すことだけではすまないことであったからである。

そのうち、「髪」は「ながーい友だち」などというテレビCMが流れはじめ、右ほどではないが、ウンこれもまずいなぁと、笑って済ませてはおけないような危惧をもった。テレビの影響は絶大で、あのCMによって本とうにそうだと思っている人が今でもたくさんいるに違いないからである。

いきなり序文で本論のような展開をすることは書物としての体裁を著しく損ずるが、本書書題の内容からこれらの文字について一章をたてて解説する機会がないため、あえてここでその訂正を述べておきたい。

まず「髪」は、正しくは「髮」で、下部は「友」ではなく「犮」である。その象形

犬

から窺えるように、獣をはりつけにして神に捧げる生け贄とした形で、災禍を取り除くための呪術的

な意味をもち、はらう・とりのぞく・ぬけるなどの意で、はらいやみそぎの「祓」の原字である。「抜」もここから出ている。「髟」は「長＋彡」で、「長」はもちろん長いの意、「彡」は美しく流れるような髪の毛が垂れ下がっているさまを表している。長い髪を切りそろえてより美しく結い、また自然に抜けてさらに美しい若毛が育ってくることを表しているのだが、常用漢字では「犮」を「友」にしてしまったためすっかり字義が消えてしまったばかりか、「髪は長い友だち」などという俗説を生むことになってしまった。

金文では「髪」は

と表されていて、かなり鮮明に右の意を象（かたど）っている。文字の本体が動物の形をしているのは、もともと動物の毛が季節的に生え代わりをするところから編み出された文字で、後に人間の髪の毛に適用されたものである。

さて「駅」の方だが、正字では「驛」であるから「尺」で説明するなどとはとんでもないことである。「睪」をどうして「尺」にしてしまったのか知らないが当時の新字選定のメンバーの中に、お釋迦さんを「尺迦」と書く古い例があることなどを持ち出して「釈」としたらどうだい、音も「シャク」で合っているからよいではないかなどと、得々と一席をぶった人がいたのではないかと推測する。「睪」の「ヤク・シャク・タク・エキ」の字群が一挙に「譯→訳・釋→釈・擇→択・驛→駅」などとなってしまった。演繹や銅鐸などは当用漢字（現在の常用漢字）外の文字だから「睪」の部分をそのままに残すといったような妙なことになってしまった。

　現在はどう書こうが文字の原義は正字から判断していかなくてはならないのが当然で、「駅」は「睪」を解明しなければ埒が明かない。「睪」とはもともと獣の屍体を指している造形で、その釋(と)きほぐした形が

である。「」と手が添えられているのは、それをどう釋きほぐすかの人間の関与である。その次第を演繹といい、ことばや文字の成り立ちを一つずつ釋き明かしていくから「繹」であり「譯」となっている文字である。ばらばらになっているものを手繰(たぐ)り寄せる方法を馬でつなぎ宿場を形成していることから「驛」であって、当然「駅」は現代のご都合文字である。

　略字化を進めていく上で、右のこととあわせ、次のような不統一な決定が目立つ。例えば、「轉・傳」を「転・伝」としつつも、「專」は「専」とし「云」はそのまま、「廣・佛」は「広・仏」としながら「私」や「沸」は変らず、そして「黃」は「黄」とするといったような変則を強いた。中国の簡化字制定の合理性に比べ、日本の略字化にはあいまいさが目立つ。論(あげつら)えばきりがないほどに出てくる。「駅」や「髪」の解釈のこじつけはこんなところにもその因がありそうだ。

　某日某所で、農業従事者をなぜ百姓というのかと質問を受けたことがあった。百はともかく問題は

「姓」にあり、さらに突き詰めれば「女」にあるとして、ここはひとつじっくりと腰を落ち着け、女にテーマをしぼって古代文字の原意にせまってみようと思いたった。女ヘンの付く文字、あるいは男と女の機微に触れる文字群の字原を解きあかしていけば、少しは興味をもって漢字に親しんでもらえるのではないかと構想をたてていた矢先、某スポーツ紙より、女に関する文字の解説の依頼があり、渡りに船と応じたところ、もっとどぎつくエログロの世界を強調してほしいとのこと、何なら、文字考証のタネの部分だけ提供してもらえばゴーストライターをたててもよいとの話であったが即座に断った。まあゆっくりと取り組んでみようと思っていたところへ、そんな事件があったことでペンの走りは一気に加速し本書のような次第となった。

文字は古代人の知恵と体験の集積である。加えて、生と死という厳粛な事実に対する宗教上の対峙がある。祝呪の儀式を表意するさまざまな文字のなかに、いかに生きたかが刻みこまれている。その中から特に女に関する文字の大らかなエロスの部分を抽出し、肩のこらない読み物として書き進めてみたいとの試みであったが、何だか女の苛酷な生き方の方に向いてしまっている感が深い。筆者のような根っからのネクラ人間が、いやオレはネクラじゃないぞと突っ張ってさもネアカを装っているような、そんな無理な態勢で書いた本になってしまった感じがしないでもない。どうやら体質に合わないことに手を染めたようである。はたしてどのように受けとめていただけるか、すべては読者のご判断にまつ他はない。

序 その二

本書は「女」に関する文字について、どんな原義、由来、因縁があるのか、文字考証の上からみていこうとの考えにたっている。考証などというと何かとってもむずかしげな印象をもたれる向きも多いと思うが、生来筆者は理屈のこねまわしという所業をいたって嫌悪する性格で、何事も楽しくなくてはならないをモットーとしているから、つとめて日常語で展開していこうと考えている。まして、本書の主題が「女」であるから、おもしろくなくては意味がない。かと言って、一部の男どもがニタッと期待しているかもしれない助平ばなしを開陳してニヤつかせるようなサービスを考えているわけでもない。視点をどこにすえるかでどんな風にでも料理できるテーマであるから、おもしろおかしく作り話をこねくりまぜて、一応は文字考証の線もちらつかせれば、学問という権威を後ろ盾にしたエログロナンセンス調の女物語が可能かもしれないが、その種のものを期待しているような男性読者に用はない。

そもそも、文字考証などといっても、後漢時代に許慎（きょしん）が著したという「説文解字（せつもんかいじ）」――一般的には「説文（セツモン）」と称している――に書かれている字原解説をまるで信仰のように受け継いでいる危ういものなのである。陳腐な説明、こじつけの説明がかなり多いと知りつつも、なかなか覆すことができないでいるというのが現状で、中には説文の所説を金科玉条のように奉戴する人もいる。異説、新説を唱える人も、いわば推理小説家もどきで、先に結論を用意しておいて無理矢理それにもっていこうとする、それはあたかも邪馬台国論争の賑やかさにも似ていて、魏志倭人伝の読み方を、ああでもないこうでもないと、先に設定しておいた結論に至るプロセスをあとから糊づけしていく手法とかわりなく、多分に我田引水の弊を免れない。物理学や化学のような分野とちがって、ボタンのかけまちがいがあっても人命に危害が及ぶようなものではないから、勝手なことをほざき放題という印象すらある。かく言う筆者もそのほざきの一員にすぎないことをあらかじめ断っておかねばなるまいが、ほざき方にも節度があってしかるべしをいくばくかは心得ているつもりというあたりで、お許しを乞うしかない。

改めて説文を読み返し、諸先達の字解研究に目を通してみて、本来「女」および女ヘンに属する文字群には、あからさまに女の生体に迫るものや、美意識、美感覚、あるいは男との関係、妊娠、出産、育児等に関わる生臭（なまぐさ）さが潜んでいること、そして、そういう文字を構築していく歴史的過程の作業の大半は男の手にかかっていること、だから、よこしま、猜疑、汚濁などの意を示す人間社会の不合理を、女ヘンに集約させてしまったのではないかと考えはじめると、ズイッとおもしろくなった。よし一丁ほじくり出してみようということになったが、類推の線にとどまることを余儀なくされた文字については捨てることにした。それをぬけぬけと書けるようにならなければ、アンタ、永久に小者だぞ、の声が聞こえてくるようなこないような……。

序　その三

巻末に「女」に関連する全文字を一覧しておいた。部首「女」部に属する文字と、他の部首に配属されている文字とがあり（安・接などのように）、とにかく「女」を含む全ての文字を書き出してみたところ、驚くなかれ一四一六文字もあった。予想をはるかに超える数である。今日的にはその字義を問うことが無意味な文字も多いが、とにかく女文字大集合のパレードである。この見晴かす「女・女・女……」の大行進はまさに恐怖そのものだが、昨今の目覚しい女性の社会進出の図柄が妙に符合して、幾世紀後には地球上は女のエネルギーで満ちあふれ、種族保存のための必要絶対数の男のみが生かされ、他はその生を閉ざされる、男の生殺与奪はすべて女の意のままとなるといったような時代がやってくるような、そんな不吉な暗示を見るような気がする。「男」を含む文字のあまりの少なさに呆れ、ＳＦもどきの未来予想をしてみたが、現在ただいまの男の一員として、どうかそれだけはご勘弁ください、お助けくださいと申し上げておこう。

ところで、漢字を漠然と見ているだけではその構造が複雑な成り立ちをしているように見えるが、カンムリ・ヘン・ツクリ・ニョウ・カマエ等を分類的に捉えると構造図式が概ね次の五種に分かれる。

一類 

基本的にヘンとツクリから成る構成で、縦割りのできる文字類である。

〈例〉 奴 如 汝 接 櫻 梅 孃 嬲

二類 

カンムリやアシ、あるいはそれに類似するもの一切を含む構成で、横割りのできる文字類である。

〈例〉 安 怒 妾 妻 毎 毒 絮 姦

三類 

タレおよびシカバネ（尸）、トカンムリ（戸）等の構成要素から成る文字類である。

〈例〉 屡 痿 瘻 庡 廮 痴

四類 

ニョウおよびその類似形一切を含む構成から成る文字類である。

〈例〉 透 遱 逶 魏 䞴 赼 鼊

五類 

構成要素が単一の文字、カマエおよびその類似形一切を含む構成から成る文字、一〜四類に編入されない文字、あるいは分類するには疑問のある文字等、すべてを五類（雑）の文字類とする。

〈例〉　女　母　毋　囡　[illegible]　閔

大雑把ではあるが、漢字の構成要素を右のように捉えておくと、異体字の理解に役立つ。一類、二類の文字に異体が発生することが多く、次のように左右上下に構成部位の配置転換によって異体が誕生する。

正体字　　異体字

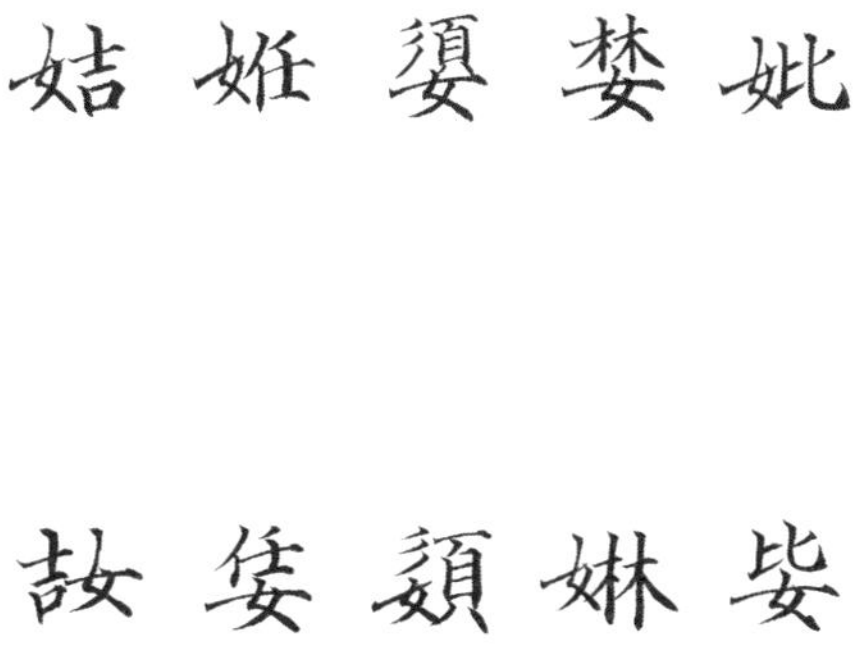

それでは、どんな文字でも部位の転換は勝手なのかというとそうではない。特定の文字についてのみ文献的に書き残されてきた文字形を異体字としての許容範囲としている。異体のバリアントとしては部位転換以外にもあり、ごく一般的に見慣れた文字を挙げておく。

海―𣴴

和―咊

略―畧

島―嶋 島 嶌

船―舩

協―恊

吉―𠮷

搬―槃

鵝―鵞

崎―﨑 嵜

また、同じ要素が二つ以上重なって用いられるとき、その造形上にほぼ次のような仕立ての方式がみえる。×印の文字は実際には記録されていないが、歴史経過のなかで埋没したのではないかと推測する。まるで積み木細工のように見えるがこれでもれっきとした漢字で、その成立した当時にはそれなりの字義をもっていたに違いない。文字造形のメカニズムを知る上にヒントになると言いたいところだが、残念ながら大半が意味不明とあっては手のくだしようがない。

1　二つ重なる時

口　又　車　木　女　貝　田　龍　興

吅　双　𨏥　林　奻　賏　畕　龖　×𦧄

吕　𠬞　𨊥　×朩　𡚸　×𧴪　𤳳　×𪚥　×𦦀

2　三つ重なる時

品　叒　轟　森　姦　贔　畾　龘　⿱興⿰興興

吅×双×⿰車車×林×奻×賏×畕×龖×⿰興⿰興興

（注）三つたて並びの文字はない。

3　四つまたは四つ以上重なる時

㗊　叕　⿱⿰車車⿰車車×⿱林林×⿱奻奻×⿱賏賏　⿱畕畕　𪚥　⿱⿰興興⿰興興

⿱⿰林林⿰林林　⿱畕⿱一畕

⿴囗⿱⿰林林⿰林林　⿱畕雷

⿱艹⿴囗⿱⿰林林⿰林林　⿰⿱田⿱田田⿱馬田

⿰⿱田⿱田田⿱田⿱田田

⿳畕合畕

⿳畕辰畕

ちなみに全ての漢字の中で最多画数の文字は、「龍」「興」が四つ合成された六十四画である。

𪚥　テツ　義　多言

𠔻　セイ　義　未詳

※巻末の「女」文字群を観覧していただくのに、いくばくかでも参考になればと、大まかなまとめを試みておいた。

第一章

「女・母」について考える

甲骨文字として刻まれている「女」字を一覧してみよう。

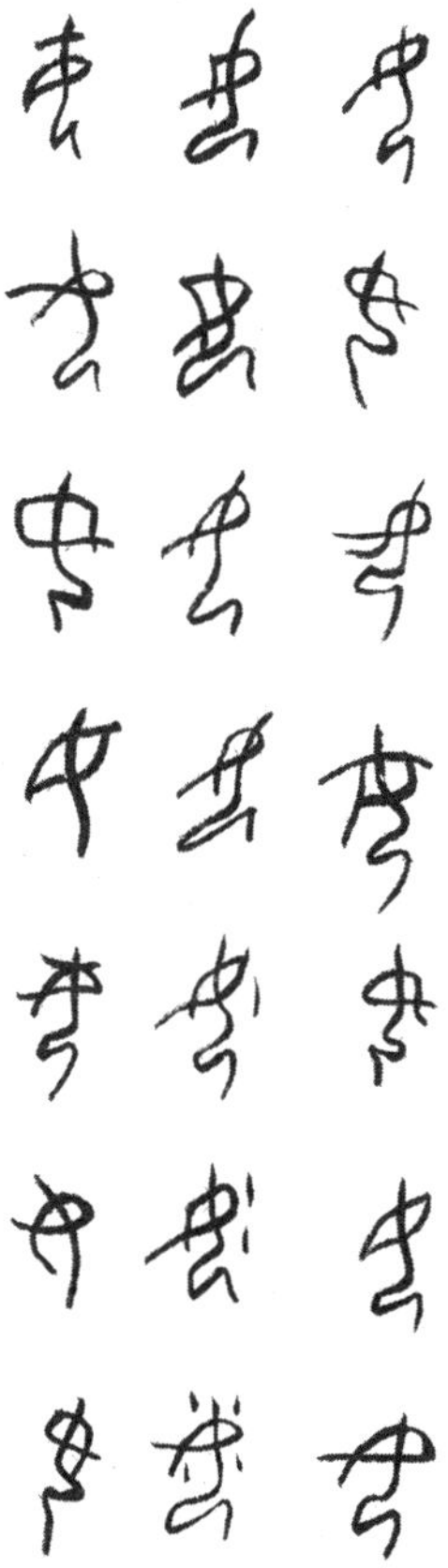

左向き、右向きの形の違いは他の文字にもその例が多く、意味上の相違を含んでいるものではない。

いずれの字形の中にも次の三点が共通していることに注目していただきたい。

1　なよやかな線条によって、女体の優しさと美しさを表す。
2　手を前で組み、女のつつしみ深さ、礼節を重んじる姿、その心を表す。
3　膝を屈して常に恭順の意を表す。

古代人の女像とはつまりそういうことであった。線刻によるこれらの文字は、文字というより女そのもののデッサンであった。妙にシナをつくったヌード写真のいやらしさに比べ、これらの文字の方がよほどなまめかしく色っぽい。

時には、赤ちゃんをだっこしている姿に見え、つつましく何か仕事をしているようにも見え、髪を洗っているようにも見え、ハイハイと素直に人の話を聞いてうなずいているようでもあり、何か考えこんでいるようでもあり、おしゃべりに興じているようにも見える。女の様相百態を見ているような気がする。

なおよく気をつけて見ると、女体の脇に「—」「・:」が付いた字形があるが、これはおそらく臥している女を表したものではないかと思われる。病気で寝ている女というあたりが一般的な解釈だが、月のさわりを忌(い)み嫌った隔離、または身ごもった女のつわりに苦しむ姿のように見えてならない。

法華経というお経「提婆達多品(だいばだったほん)」のなかに「女身(にょしん)は汚穢(くえ)なり」という章句が出てくるが、何が汚穢なのかが具体的には示されていない。まず月経を指していることばとみて間違いはないだろう。これより女人は入ることを許さずなどといったように、女の近づくことを禁制する山や寺、船、祭り、酒蔵等のしきたりが今でもあるようだが、この考えの出どころは右の経典にある。さらにそのお経に従えば、女は成仏できないとあり、「変成男子（へんじょうなんし）」、つまり一たび男になってから成仏を得る手段があるから、信仰堅固たれとのいましめを女に課するくだりが出てくる。総じて男より女のほうが信心深いようだが、お経のなかにこんなことばが出ていると知れば、どんな感想をもたれるだろうか。

古代の男達にとって、周期的に血を流す女身がよほど不気味だったらしい。妊娠との因果関係など思いもよらなかったことであろうから、「けがれ」として封じ込めることで目をそむけたものと思われ、今日までの悲惨な女の歴史の根源的な因子がこんなところにも横たわっていると思えば実に悲しいことである。現代でも子供のいじめの中に、初潮を迎えた女の子のはじらいをさか手にとって、騒ぎ立て、ひやかし、言い触らす悪がきどもがいるという事実の報告がある。科学教育をうけ、ものごととの因果関係の理解ができているはずの現代でなおそうであるから、古代人の女の生体に関する不思議はまさに恐怖であったかもしれない。

「女」と関係の深い文字が「母」である。母を表す甲骨文字をまず一覧してみよう。

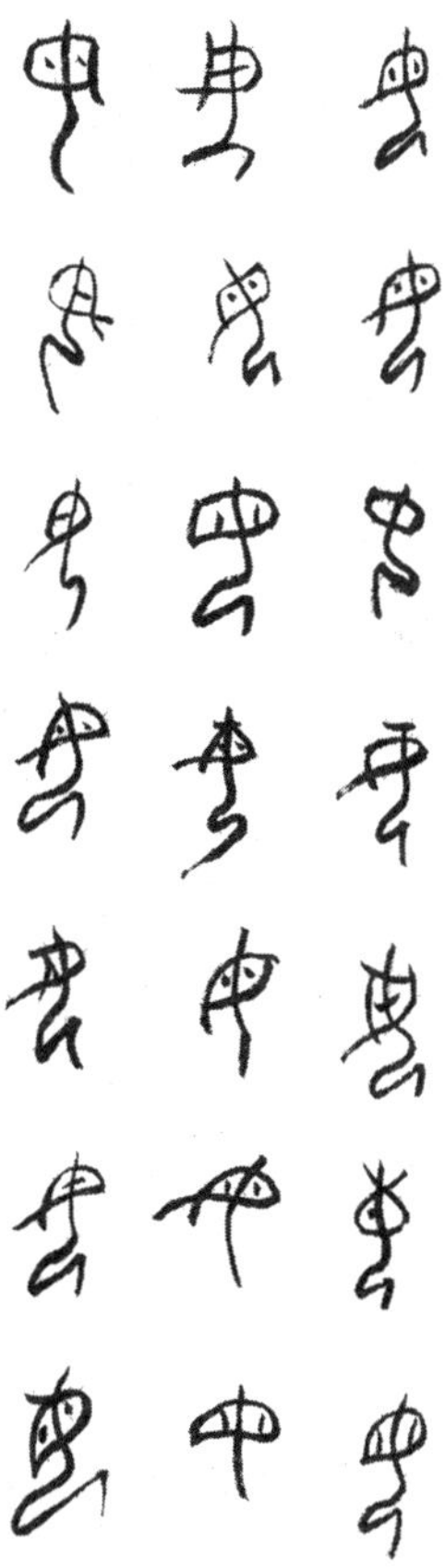

女と母の基本的な相違は、二点のあるなしで決まるが、同義として書かれたケースもある。母の使命は子を産み育てることにあるから、赤ん坊の命の源であるオッパイを強調する。実に巧みな造形である。現代の文字でも次のように考えればこの二字が同系同義であることが納得できよう。

「女＋母」すなわち「姆」は、

で、乳母を表している文字。栄養状態も決して良くはなかった古代では、お乳の出ないお母さんは予想以上に多く、その子育ては容易なことではなかったに違いない。そこでもらい乳をする。そういう役どころを担った文字である。この合成文字が女と母をずばりと表現していて、理解が速い。

もっとも「姆」は説文には見えず、金文に「俌（たすける）」に通じ「俌姆」の解釈のもとに

が刻まれている。「姆」と「俌」は同字ではないが、右の象形がその意をよく捉えているとみてよい。

つい先日、駅のホームのベンチで授乳している母親を見かけた。豊満な乳房が誇らしげで、こよなくなつかしく美しい光景であった。まだどこかに幼な顔すら残しているその若い母親と生後半年ばか

りと思われる赤ちゃんの姿は人目を引いたが、臆する風もなく、素敵な母ちゃんだった。乗客を飲み込んだ電車がホームをすべり出し、ポツネンと残された母子の姿に言い知れない感動を覚えたものだった。昨今は、美容を損ねるからとおっぱいを搾り出して捨てているバカ女どもがうようよいるらしい。こんな女の子供にはなりたくない。

古代文字は「女」は「母」への通過点として捉えている。

第二章 「姓」について考える

近ごろ差別用語とおぼしきことばを使ってはいけないとのことで、規制がかなり厳しくなってきた。片手落ちはダメ、めくらへびにおじずもダメ、その他もろもろ、もの書きにとって受難の時代である。「○○君のみを責めるのは片手落ちというものですよ」のどこに手の不自由な人のことをあげつらった部分があるというのだろう。障害の方から抗議が出てくるというのなら、よほど被害妄想家で文章理解が乏しい人に違いない。筆者の実兄は隻手である。その苦労を目のあたりにしてきたから、世間並み以上に障害の方々には敏感でもあり理解しているつもりであるが、それとこれとは違うぞの印象をもっている。加えて自分自身が交通事故を貰い受けて、その後遺症に悩まされ障害者の仲間入りをしてしまっているから、差別用語とおぼしきことばに対して鈍感なほうではないつもりだが、昨今の規制ぶりは日本語の歩んできた歴史、文化への破壊につながる悪法だと声を大にしてはばからない。

はてさてここにもクレームがつくのだろうか。

随分古い例を引き合いに出して恐縮だが、ひょっとしたらご記憶の方がいらっしゃるかもしれない。かつてNHKのドラマ「元禄繚乱」で、吉良と浅野の確執のくだり、幕府のお裁きは「片落ちでござる」とわめきちらすシーンがあった。この連発には気の滅入る心地がした（「片落ち」なることばがないわけではないが、ことさらに一般的に不慣れなことばをもって代用させていることが神経過敏を感じさせ不愉快である）。この轍（てつ）でいくと、剣道で使われる片手正眼や片手打ち、片手上段、さらには片手間の仕事などとも言えなくなる。

小使いさんは用務員、女中さんはお手伝いさん、共稼ぎは共働きと言い替えるあたりはまあまあ許容の範囲だが、百姓も好ましくないとあって、自らを称しておらぁ水呑百姓だ、あるいはドン百姓の小倅（こせがれ）だなどと言おうものならドンピシャのダメとあっては何をか言わんや。「ぼくは零細農家の息子です」とでも言わせるのだろうか。「畜生、おれだけつんぼさじきにおきゃがって」のような怒りのセリフがどんどん消えていく状況にある。

「目をかっと見開いて見届けたその光景の凄まじさに、私は声も出なかった」屁理屈をこねるなら、こういう書き方もいけないことになる。

誰がどんな基準で決めたかは知らないが、重箱のすみつつきが相当お好きな人が寄り集まって禁止用語をオンラインさせているらしい。

農民のことをなぜ百姓というのかと質問を受けたことがある。その時次のような解説をした。

「姓」は甲骨文では「女＋生」として書かれている。

女と母は同義として用いられていたことがあるとは前章にも述べたが、ここにみる女は子を生む女、すなわち母の意も含めて、人の出生のルーツを明らかにしたもので、同母きょうだい間の婚姻は固く禁じ、その祖を女の腹に求めたことから「姓＝かばね」が生じた。それは次第に分化していく系譜上において、同姓間の婚姻禁止ともなり、現在もなお中国や朝鮮半島では基本的に遵守されている。

金文では姓は「人＋生」として

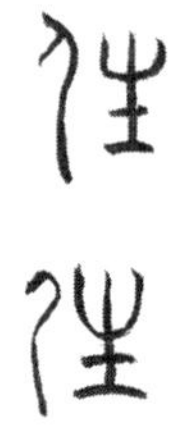

と書かれているが、「かばね・うじ」という捉え方において同根である。

女ヘンおよび女部に属する文字の中には、今日まったくその字義が不明で典拠の求めようのない文字が多いが、それらの大半はまず姓の呼称とみてよい。姓の定め方は大体が居住地に因るものが多く、河川湖沼など周辺の環境の特色を取り入れた姓もあったと思われ、時代が下るにつれてその称し方は多岐にわたるようであるが、始祖を女においた母性呼称であったことがそもそもの始まりである。

日本では天武朝の八色の姓（真人・朝臣・宿禰・忌寸・道師・臣・連・稲置）にみるような、官職、尊卑を明確にする形で姓が名乗られ、その上に「氏」を称したが、中国の場合は姓と氏はほとんど同義となっている。従って、王朝が代わるごとに天子の系譜に関わる姓が尊ばれ庶民の姓と区別したが、これも「八姓」で定められている。おそらく日本の八姓はそれを真似たものだろうが、内容的には大きく異にしている。

さて、「百姓」だが、読みは「ヒャクセイ」で、本来は官吏「百官」を指すことば、地方の庶民のなかにもし有能な人物があれば、姓を与えて官に登用したこともあったことから出たもの、それが次第に「百の姓＝もろもろの姓＝庶民」と変化して、庶民とはすなわち大半が農民であったから「百姓＝農民」が定着してしまったことによる。本来義をたどればなかなかのものだが、どうも「ヒャクショウ」のヒビキがよくない。今即座に思い当らないが、これに似たような損な役割を負っている日本語が他にもありそうな気がする。

花卉（かき）専業農家が、「おれは花百姓だ」ぐらいのことを言ってみたまえ。よっぽどこっちの方がことばにロマンがあるではないか。

第三章

「姫」について考える

かつて銀幕をいろどった俳優のその後というのはなんとなく気になるもので、いま「姫」について解いてみようと書きはじめた時、ふっと頭をよぎったのは、昭和三十年代ごろだったろうか、東映の時代劇全盛期にお姫さま役で出演していた大川恵子という女優さんのことだった。ご本人には悪いが、演技力を云々する以前の、どちらかといえば素人っぽさが抜けきれない弱々しくウブな感じで、それがまた魅力でもあり、それなりに結構ファンも多かったのではないかと思う。端麗な純日本風のマスクで、大名家の姫君のイメージをぴったりと身につけた女性だった。人間の意識とは突然何の脈絡もないところに走るもので、ここ四、五十年近くほとんど思い出したこともない大川恵子が、亡霊のように現われて何かをささやき始めるのであるから不思議なものである。もちろん「姫」字の原義をたずねる上に全く関係のない話である。

さて「姫」だが、現在使用しているこの文字は、「ひめ」の意では正しくは

で「姫」そのものには「つつしむ」の意があり、この両字は本来別字であった。従って、「ひめ」の意をたどるには「臣」ではなく「𦣞」に視点を合わせなくてはならないが、現行これが「臣」と書かれ、「熙」のように「𦣞」の形も見えることもあってなかなかややこしい。しかし、「𦣞」と書くのは本来誤りで、正字は「𦣞」である。通常、新聞や雑誌の活字の大きさでは見逃してしまいそうな微細な相違だが、文字の由来をたずねるにはそのわずかな相違の中に別義が潜まっているから、見過ごすわけにはいかない。「𦣞」は、

で、「頤」すなわち「おとがい」の意であるが、説文には「やしなう」とあり、「育てる」に通ずる。「𦣞」の部分は、

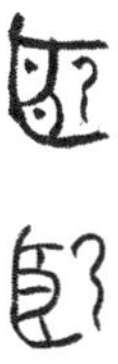

と、「巳」は乳飲み子であり授乳の象形であることがわかる。従って「姫」とは乳房のことであり、「姫」とは、乳房がゆったりとしていて大きく、将来子どもを産み育てる女であることを意味してい

る。

男の「彦」に対して女の美称として「姫」を当てたのは謂（いわ）れのないことではなく、女体の最たる特性ともいうべき乳房の豊かさから出たもので、それは美しい女の条件の一つでもあった。「美しい女」から次第に貴族の娘を称えるようになり、「おひめさま・おひいさま」のイメージのみが強くなって原義は失せてしまった。（「彦」「臣」については別章で解説する）

女ヘンの文字には姓を表すことが多いと前章に述べておいたが、「姫」もその一つで周代の王家一族は姫姓である。日本流にいうなら「藤原」のようなもので、歴史の重みを感じさせる姓である。

バストの大小には遺伝が関係しているかどうかをその道の医者にたずねてみたことがある。確かなデータがあるわけではないが、背丈の高低や肥満、癌、高血圧体質などと同様の因果関係は十分に考えられる、とのことであった。「あぁ、やっぱり……お母ちゃんのセイやわ」と、ちらほらと若い女性読者の苦渋の顔が見えるような気がする。だからと言ってあきらめるのは早い。子を産み授乳していくうちに、自分でもびっくりするような巨乳族の仲間に入ったというケースが結構多く捨てたものではないのだ。赤ちゃんのために母としてのつとめをしっかりと果たしていくことは、自分自身の「女」を磨くことにもなっているということを忘れてはならない。

そう、「姫」になるのだ。手術による人工丘陵工事だけは断じてやめておきなさい。

別章「乳」の項と合わせて検討材料にしていただきたい。

それにしても時代劇に出てくるお姫さまはみんな楚々として美しい。加えて、いつも正装していてリアリティに欠けることおびただしい。男の家臣が何の断りもなく姫さまの前に出ていってことばを交わしているが、実際にはそんな光景は百に一も期待できない。たとえきょうだいでも男からは隔離に近い状態で腰元たちに囲まれる毎日だったということぐらいは常識的に知っておいてよい。あんなチャラチャラした髪飾りをつけ長衣を引きずっていたのでは、ちょっとおトイレというわけにもいくまい。

いま何だか無性に姫君大川恵子がなつかしい。

第四章 「婚」について考える

時の為政者がその時の感情で文字の改変を命じたり、臣下が朝権への忠誠心のあらわれとして、皇帝や皇妃の諱を表す文字の一画を省略または同音の他の文字で代用させたり等、ただただ権力にひれ伏す御用学者の類がいつの世にもいたものだが、その辺の歴史的事情を見過ごしたままでいると、真実を見誤ることがある。

有名な千字文の冒頭「天地玄黄」の「玄」の字の最終画の一点を省略したり同音の「元」字に代えて書く等がその例だが、世界史上もっとも苛酷な試験だといわれる科挙の場合では、故事由来も含めて全てをクリアしておかなくてはならないというのであるから、マークシート方式による試験で悲鳴をあげているいまどきの受験戦争とやらの比ではない。十代で志をたて白髯の翁となってもなお合格に達することができなかった悲劇の主もいたのである。

隋　智永千字文
唐　褚遂良千字文
宋　徽宗千字文
明　文徴明千字文

筆者にとって処女出版であった「千字文異体字類」（近藤出版社）を刊行したとき、「玄」字の最終画一点の省画を例にひきつつ、中国の墨蹟を検討する際の注意を述べておいたが、発刊後旬日のうちにある書人の訪問を受け、学びの時代に指導者から、その一画が見えないのは何しろ古い碑からの拓本であるから、文字の風化や塵埃の堆積による一見異体を生じているかに見えることがあると考えるべきで、これを臨書する時には、拓本全体の文字からの類推も含めて正字として再現することが望ましいと教えられたという。その指導者は斯界では名の知れた方であるだけに気になることである。臨書のみによる公募の展覧会があるが、出品の中に文字考証の杜撰な作品が多く、それでいて審査の時にそのことが問題となる様子もなく、形態模写の技巧のみが沙汰されている審査風景に失望を禁じ得ず、近年は関係を断っている。

省画や代字（同音の別字を充てる）は、畏れ多くもかしこくも、皇帝陛下をはじめ皇族方の御名を汚れ多きこの手この筆で書くなどとはもってのほか、不敬の極みであるとの恐懼恭順の姿勢から出たもので、時代的背景を考え合わせれば、それがその時代にとっての自然であったと見るべきだと解している。日本でも、勅語を読み違えただけで陛下への申し訳がたたずと割腹した校長がいたなどという、哀れな時代の落し子がいる。

昭和天皇が「裕仁」と署名の際、「谷」の第三画と第四画を少しはなして

裕

と書かれることがあったが（文字本来の意義からはこの書き方が望ましい）、敗戦前までの盲信的指導者は、同様に書くことはならじ、「衤」も一画を省画して「礻」とすべきだなどと言ったとか言わぬとか、ついこの間までこのようなことが取沙汰されていたのである。まして大昔のこと、輪に輪をかけてこの種のことが途方もなく大事とされていたであろうことが容易に推測できる。

話がずいぶんと大回りしてしまったが、以下に関係なしとはしないとしてお許しいただきたい。

結婚の「婚」について述べてみようと思う。「婚」の原字は「昏」で、女ヘンは後から付いたものである。漢字の大半はツクリが本義を示し、ヘンは分類、系統を表している部分と理解しておけば、女ヘン以外の文字群の検討にも役立つ。「昏」は「くらやみ・たそがれ」の意をもつが、もともと「昏」と書かれていた文字である。時の皇帝、唐の太宗が、その名「李世民」の「民」が「くらやみでものが見えない」の意をもつ文字となっているのは実にけしからぬことだ、今後いっさい「昏」の使用を禁ずる、「昏」と改むべしとの鶴の一声で改まってしまったのだという。こんなつまらない

ことで一文字が潰(つい)え去ってしまうとは、考えようによっては痛快そのもので、一度でもいいからそういうことを宣(のたも)うてみたいものだが、文化史的には実に不幸なことである。筆者としては俗説の一つにすぎない講談だと信じたいところだが、オウム真理教の麻原ごとき小者でも自教団内に君臨してその絶対性を誇示し、そうだと思わしめる権威にたつのであるから、大唐皇帝ともなれば文字の一つや二つの改変など何でもないことだったかもしれない。

　文字改変と言えば、則天武后が制定した、俗に武周文字と称される十七文字があることに思い当たる。武后が政治の実権を握り、国号を「周」と改めた七世紀末から八世紀初頭にかけてのわずか十数年の命脈ではあったが、その徹底ぶりが当時の写経にうかがえる。言い出しかけておいて、その内容についてはさっと通り過ぎてしまったのでは、読者の興を削ぐことになるのではとおそれ、本書の意図から外れていることは承知の上で、次に一覧しておく。今日的には「圀」のみが認知し得る文字として残っていることになる。やはり、水戸黄門様は「光國」ではなじめない、どうあっても「光圀」でなくてはならない。わざわざこんな文字を選んだあたりに、徳川光圀なる人物の人となりがあらわれているようで、巷間(こうかん)人気の高いテレビドラマの黄門様の実像は、おそらく苦虫を噛み潰したような厳格そのもののお方だったと思われる。

ついでに、武后時代の写経を掲げておく。武周文字が使用されていることに目をこらしていただきたい（○印）。

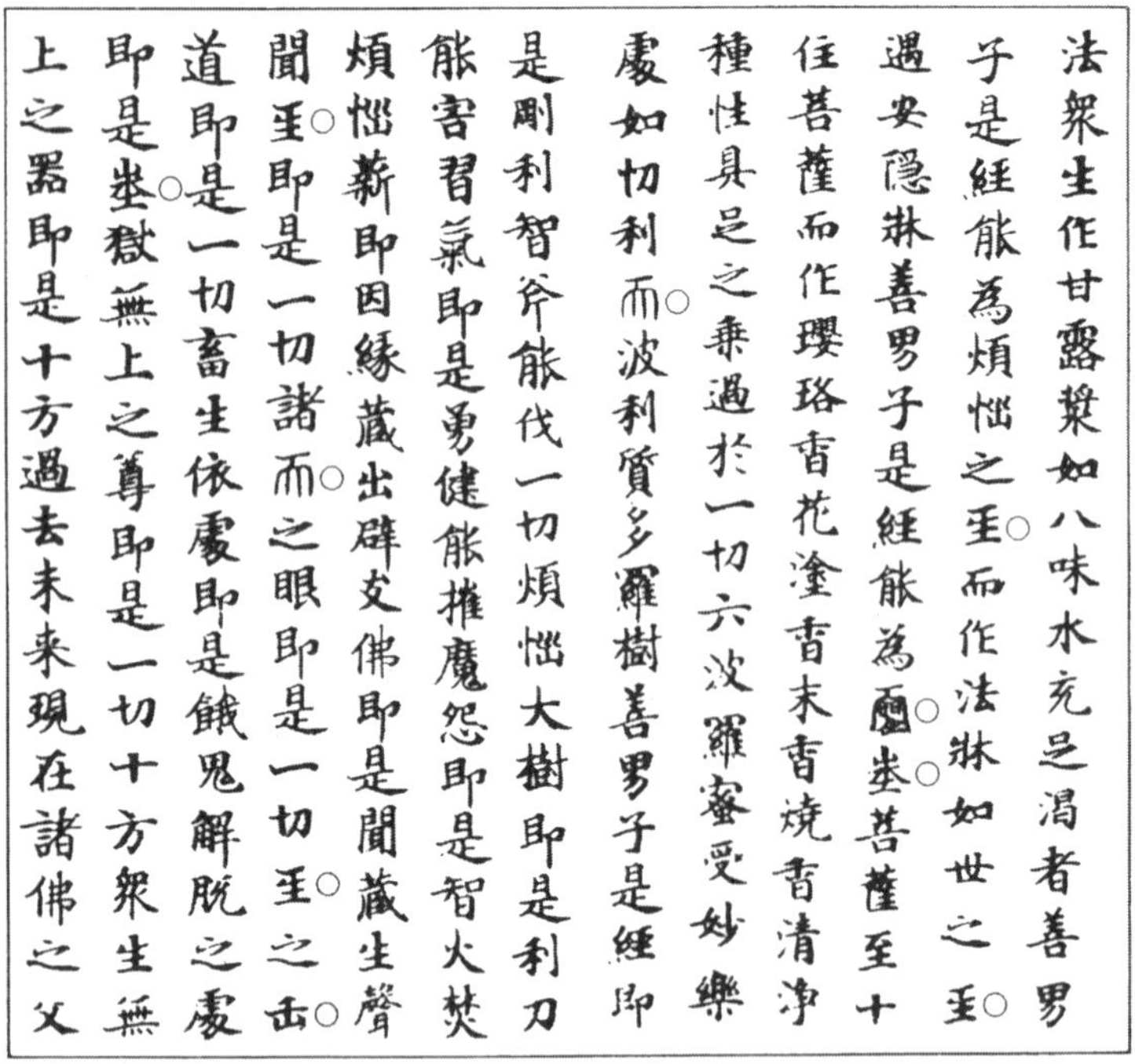
法衆生作甘露漿如八味水充足渇者善男
子是經能為煩惱之𤯔而作法林如世之𤯔
過安隱林善男子是經能為埊埊菩薩至十
住菩薩而作瓔珞香花塗香末香燒香清淨
種性具足之乘過於一切六波羅蜜受妙樂
處如忉利𠀑波利質多羅樹善男子是經即
是剛利智斧能伐一切煩惱大樹即是利刀
能害習氣即是勇健能摧魔怨即是智火焚
煩惱薪即因緣藏出辟支佛即是聞藏生聲
聞𤯔即是一切諸𠀑之眼即是一切𤯔之𠙺
道即是一切畜生依處即是餓鬼解脫之處
即是埊獄無上之尊即是一切十方衆生無
上之器即是十方過去未來現在諸佛之父

上・則天武后時代の写経、武周文字が随所にみられる。大般涅槃経巻第三十七終章部分
左・弥勒上生経奥書部分

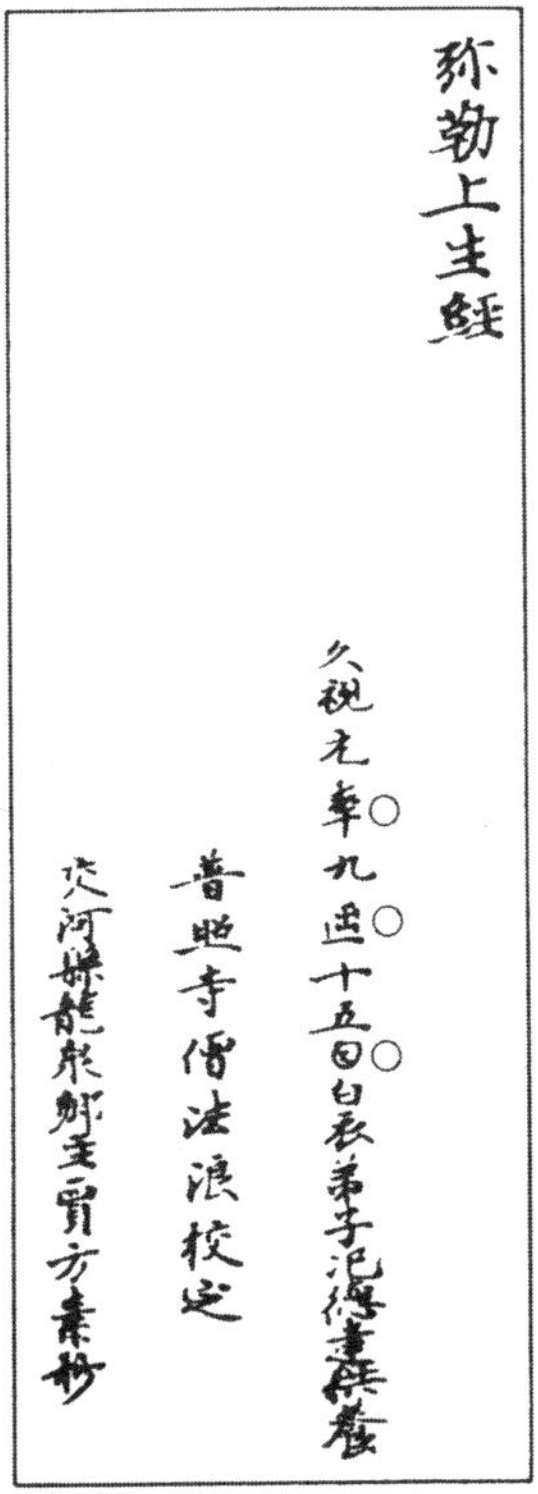

本線に戻そう。「氏」は

と書かれ、おそらくこれは神への犠えをさばく道具の象形であろうと思われる。当然血が滴り落ちる。それを神に捧げ、また飲み交わすことで氏族の血盟を誓う儀式が行なわれたのではないかと思われる。

のような「氏」系列の文字もあるから、まさにこのことを示しているとみてよさそうだ。犠えとされる献体が、牛・羊・犬のような動物なのか人間であるのかが文字からはわからないが、戦いに敗れた氏族が征服者によって犠えとされた可能性も大いに考えられる。刃物によって目をつぶされた象形だとの説明もある。いずれにもせよ古代人の掟は残酷である。敗者は命を奪われるか目をつぶされるか

去勢されて生涯の男子を失うか、まるで容赦はなかった。後の宦官（かんがん）などという存在は、中国人の徹底した征伐法の結果といえる。男根を切り取る象形と思われるような、

なまなましい文字もある。右部は切り取った刀の形を表している。そういえば、「宦」の「臣」の部分も目をつぶされた敗者の姿である。

「宦」は男根を切除されて生涯を閉じ込めとなった身で、転じて、皇帝の命令に盲目的に従うべき臣下という使われ方となっているが、もともとは神への犠えの意であった。

現下の大臣殿は、目が本当につぶれて見えないのか、見ようとしないのか、国民感情や理解からはかなり離れたところにござらっしゃるようだ。何かと言えば「民意に沿って」を標榜しておられるようだが、その「民」もまた、

と鋭く目を突き刺された形で、ずばり奴隷の哀れな姿である。国民の民とは種を明かせば盲目の民（たみ）であり、大臣の臣もまた同類のまっくらやみのお方と思えば、同類相憐れむの成り立ちの文字であることがわかる。国家機構のもとには目には見えない権力が生ずる。大東亜共栄圏などと大旗を振っていた時代の大臣はまさに大盲目であったし、国民もまた盲目を強制されていたという歩みはまだ記憶に鮮（あたら）しい。

目が見えない状態から、ぐっすりとねむる意を引き出して「眠」としたが、ここまで穏やかに転生してくるとほっとする。

目が見えないから暗闇であって、「昏」も「昬」もその意味では大きく差異はないことになる。太宗の横暴ぶりの中にもちゃんと字義を心得たゴネ押しだったと言えなくもない部分があったと弁護しておいてあげてもよい。

「昏」に女ヘンが付いて「婚」としたのは、暗闇に乗じて女を獲得に出かけた掠奪婚を反映しているとの説明が普遍的である。歌垣（かがい）や夜這いの名残りを今にとどめている地方の風習が日本各地にも散見され、婚礼は夜おこなわれる土地柄もある。いよいよお床入りというのはまさに夜である。男女の性的営みを「婚」の延長義におけば、特別の場合を除いてはやはり圧倒的に夜が多いことと合わせ、昏＝婚は現代にも通じていることになる。

しかし、筆者はこの通説はとらない。女が男の意のままに盲目的に従うことを徳とした（させられた）ことに「昏」の原初的な発意があるとの立場にたつ。

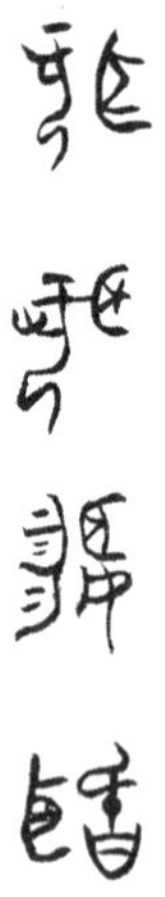

などの古字があることから「婚」は「睧」と同字であったとも考えられる。

第五章 「鰥・寡」について考える

「釣った魚にエサをやるバカはおらぬ」ということばがある。結婚前と後では豹変する男の冷たい仕打ちを女が責める時、傲然と言い放つ男のセリフである。この時、あえて「魚」であるのはなぜかの疑問が今もって解けない。女を魚にたとえる根拠は何かと探ってみたが、トントわからない。このことばは決して女から男へは言わないところをみると、女と魚の間には何かつながりがあるはずなのだが。

「おとこやもめ」つまり「やもお」を「鰥」と書くことは周知だが、ここでも魚ヘンが付いている。ついでに正しておくが、鰥は「やもお（夫）」で、「寡」が「やもめ（女）」である。「やもめぐらし」というと厳密に言えば夫のいない女のわびしいくらしを言うのだが、妻を亡くした独り男にもあてているようでもあり、混同して用いられている。「しゅうと―舅」「しゅうとめ―姑」が混用されているのによく似た現象である。まぁ、さして社会的実害のないことでもあるから、この程度の慣用的誤用は見逃してもよさそうだが、もし法廷の場で若妻が「しゅうとの虐待を受け……」などと発言したら、すかさず「正確を期してたずねるが、しゅうとめではなくて、しゅうとなのですね」と詰問されるだろう。やはりことばは正しく認識しておくにこしたことはない。

とにかく男は不精、ものぐさ、めんどうがりや、そのくせ何かと女を命令口調で動かしたがる度しがたい生きものである。そういう男に限って妻に先立たれると、へなへなと意気消沈し、遺影に向かってハラハラと涙する。それが「鰥」だというのである。「おとこやもめにうじがわく」とはよく言ったもので、涙しながらただ座り込んでいるだけで何もしない。家のなかの散らかし放題はただただ芸術的ご立派と相成る。「眔」は、

明らかに涙を流している形である。その涙と魚が合体していることの不明が厄介で、どうして「鰥」になるのかが判然としない。鰥それ自体はかれいやひらめのような魚を指しているようであるが、それはそれでちゃんと「鰈・鮃」とあり、字典で魚部の文字をたどると、魚の名前や種類がきちんと説明されているというのに、この鰥だけは「大魚」なりと、実にそっけない。その象形は、

で、亡妻への想いから魚に涙をそそぐの形をとっているのだとすれば、魚には女の象徴としての意味があると解するのが素直な見方ということになるが、確かな手応えとなるものが出てこない。また、魚に性的な象徴性を求めたとも考えられるが、これも手がかりとなるものが見当らない。

魚の、いつもうるんだような目をおとめの純な瞳にあてたのかもしれないし、新鮮さを珍重するところから「あたらしい」「あざやか」「いさぎよい」そして「よい」を引き出し、「みめよい」「うるわしい」と、女の姿態に持ち込んだのかもしれない。西洋にも人魚伝説があり、人面魚体はすべて女性であるところから、古代中国にもそれに似た発想があったのかもしれない。ほかにもこじつけはできそうだが、どうやらやめておく方が無難なようだ。

夫に先立たれた妻を寡婦という。

「寡」については「宀＋頒」と解字し、財を分与すれば次第に少なくなっていくことから、単独の意を引き出し、伴侶を失って独りとなるとの解説を見たことがあるが、筆者は右のように「宀＋憂」を採る。霊前で慟哭する妻の姿と見る。ひとり欠けることから「すくない」の意が生じたものと見る。

総じて女の方が生き残るケースが多いようだが、最近はダンナが逝った後、急に生気を取り戻したように溌剌となっている老婦が多い。残すものさえ残しておいてくれたらこれほど気楽な余生はないといわぬばかりの元気さである。亡夫を偲んで憂愁の日々をおくるなどといった殊勝な景は期待できそうもない。それにひきかえ、妻に先立たれた老夫の……、いや、これは蒸し返してしまった。急速に老け込んで、二、三年であっけなく後を追う。

とても造字してやりたいぐらいの男の意気地なさである。

「鰥寡孤独」という四字成語がある。おとこやもめと後家さんと、孤児と独り者の総称で、四者共に、寄る辺なき者の侘しさの極を表していることばである。幼にして父を亡くした者を孤といい、年老いて子のない者を独というのだそうである。鰥寡は「鰥嫠」と同義で、「嫠」は夫との間にけりがついてしまった婦、すなわちやもめをあらわすことば、ただし、昨今はやりの離婚して一人になった女ではない。あくまで未亡人の意。

老人福祉が叫ばれているが、ひとりぐらしの老人へのいたわりの配慮は、もっともっと篤くしなければならない。「やも夫」と「やも女」を結びつける集団見合いもあるそうな。老人の性の問題も含めて、少しずつよりよき時代になりつつはあるのだが。

この章、中途半端な展開に終わっていることをお詫びする。さも本当らしく作り話で切り抜けられる手がなくもないが、それでは筆者の背骨が大音響を発して折れてしまいそうで、小心者はそれらしくしているのが一番と心得た次第。

第六章　「妾」について考える

いれずみについては後章「文」でとりあげることにするが、「文」とは描くいれずみ、すなわち文身のことである。刑罰としてのいれずみや奴隷に施したいれずみとは違い、どちらかといえば、吉凶への呪術的な祈りが篭められたものであった。仏像の額に付いている白毫も文身の一種ではないかと見ているが、特に上座部仏教（小乗仏教）の国々の仏像の彩色のあでやかさはまさにこれ総身文身の感がある。本章で述べようとするいれずみは、鋭い針で肌を突き刺して墨を入れていく正真正銘の刺青である。

奴隷の所有者が逃亡防止のために、一見してそれとわかる入れ墨を額に施した、そのことを文字に表したのが「辛」である。

今日、これを含む文字を大別すると、「妾・童」「新・親」「言」「商」の類と分けられる。「辛・童」については後述するが、一見「辛」とは無関係に見える他の文字について一覧しておく。それぞれその象形からその範疇にあることを確認しておいていただきたい。

新

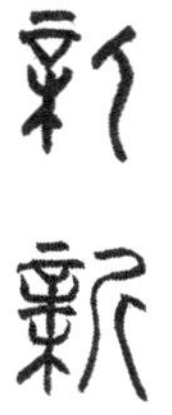

親

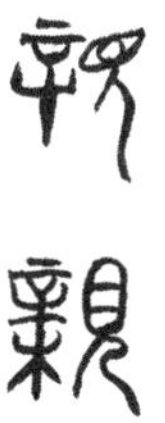

右のことから本字は「新・親」である。朝日新聞の新には本字が用いられていることに気付いていない人が多い。

言

商

「妾」は「立＋女」と書かれているが、その意は、「立」は「辛」の省略形である。

「妾」――めかけ・てかけ、等と女性としては屈辱的な後ろめたさを感じさせ、日陰の女の印象が強い

暗いイメージの文字だが、本義は、神霊に捧げる女という意味である。民話によく出てくるパターンで為体（えたい）の知れない魔神が村を襲ってきて災いをなすので、それを慰撫するために犠えとして乙女を差し出すという設定がこれに当たる。

中国では大河の氾濫による被害の大きさは想像を絶するような規模となって人民を苦しめたから、治水工事の秘策をもつ者こそ救国のヒーローであった。水の神の怒りを鎮めるために人身御供を献ずる、橋を架ける時には人柱を立てる、そんな時に供されたのが「妾」だったのである。従って、今日的な妻妾の意味ではなく、未通の女であるということになる。齢のころなら十三、四歳のおぼこ娘、なんと残酷な話ではないか。娘の額には入れ墨がなされ、哀れ犠えの身となるのである。卜辞の中に「妾を河に沈めん」とある例からも、生きながらにして水没させられたようである。

今日義の「めかけ」も、女が自ら好んで選んだ道ではなく、他人に言えない事情があって好色の男の囲い者になったわけであるから、考えようによっては格別に本義から外れているわけではない。金で飼われた奴隷—性奴と言い換えてもよい。今ばやりの人妻の不倫等とは次元を異にする話で、体を張って生きていかねばならなかった、女であるが故の性（さが）と業（ごう）を感じる。

と、ここまで進めてきた時、小遣い銭欲しさに巷のオジサマ族を物色し、売春行為にふける現代女子中・高生の生態を報ずるテレビ番組に目がいった。下手な感想や評論はすまいが、女の定義の範疇からまったく外れたこれらのコギャル達は、筆者には異人種に見える。異常に性器だけが発達した新種の動物のように見えてならない。男ども、何をかいわんや。

別章で、「奴」は女奴隷、「隷」は男奴隷として解いたが、説文の解字もここはしっかりとしていて納得できるものがある。すなわち女奴隷を「妾」といい男奴隷を「童」というとある。「童」は、

と、目の上に辛（はり）がささっている形をしていて、第四字の小篆の通りに楷書で書いてみると、

と、複雑な形の文字となるが、現代字の童字の下部の「里」には本来「東」を含む音を表す部分が含まれており、字義そのものには関わっていないことがわかる。「童」とは目の上に入れ墨をされた奴隷または犯罪者を指している文字である。

ところで、「童」といえばすぐに「わらべ」を連想し、子どもの可愛い仕種が浮かんできて、この文字と接するだけで頬が弛んでくる心地がするものだが、こうして本義をたどっていくと、可愛いどころの騒ぎではなく、生涯の苦役を強いられる忍従の徒であったことを知る。朝から晩までこき使われその労役の最中にリズムをとったのが実は「童謡」だったという話は、あまりにも読者諸氏の夢を破るだろうか。「わらべ唄」などといったニュアンスのものではなく、苦渋の涙の歌であり、労働歌であった。

日本の童謡は、まさかそういう真実を踏まえて作詞作曲されたわけではないだろうが、あたかもそ

うであるかのように、物哀しいメロディにのせて、ふるさとをしのび、父恋い、母恋う歌が多いということに気付く。童謡というべきか民謡というべきか判然としないが、「五木の子守歌」には闇のなかに引き込まれていくようなおどろおどろしたものを感じる。もっとも最近の子ども歌はどれもカラッとして暗さは微塵もなくなった。これだけは現代のお手柄として同調できる。

「ビルマの竪琴」では、水島上等兵が哀愁をこめて奏でる童謡に望郷一途の兵士達が号泣する場面が出てくるが、この配し方の中に、童謡の本義が見える。兵士達は縄目の恥を受ける捕虜であったから、紛れもなく奴隷だったことになる。

第七章

「嫁・姑」について考える

ある女性からの手紙に「義母の看護のために……。」と予定の不参理由が書かれていたことがあった。「義母」で「はは」と相手に読ませるつもりらしい。人間関係がはっきりしている点で言えば悪くはないが、ここは素直に「母」または「姑」でよかったのではないかというのが正直な感想であった。この文字選択で勝ち気な自己主張の強い女性であることを思わせ、何だか日頃嫁姑の確執があるのではないかを感じさせた。

もっとも、嫁は決して「娘」にはしてもらえない身分であるから、互いに嫁と呼び義母と呼ぶことでお相子なのかもしれない。結婚前の、「あなたを実の娘と思ってお迎えします。息子のことをよろしくね」等と甘いことばをまともに受けていると辛い思いをするだけである。義母とやらも嫁からは常に「お母さま」であって、絶対に「おかあちゃん」にはしてもらえないから、とにかくこの両者、千古の昔からただならぬ間柄なのである。

少々理屈っぽいことを言えば、義母とは父が連れ合いを亡くし後妻を迎えたときの関係を指すことばで、夫の母を表すにはやはり「姑」がそれにあたる。義母と姑が同義に扱われているように見えるため、あえて一言。義父も同様と考えればよく、すなわち「舅」となる。そこで以下、嫁姑の関係と改めて稿を進めることとする。

「ウチの嫁は、それはそれはよくできた……」と誉めちぎる賢婦人ぶった姑も異常なら、ことごとに嫁の悪口を吹聴してまわる姑も異常、もし本当の母娘なら、他人に対してそんなことを言い触らすことはあるまい。嫁も嫁でだいたいこれとよく似た異常だから、案外それで正常に作動していると見るのが健康的な観察なのかもしれないが、この世に縁あって出会った女二匹、齢の違いがあるといったところでたかだか二、三十年のこと、世代の相違を真っ正面からぶっつけ合うことで、むしろ社会を見通す目が開けるとの考えにたって、「バーン」とやって、「ゴメン」方式でなくては精神衛生上にもまことによろしくない。

「あんた、全然わかってないのね。男のあんたになんかわかることじゃなくってよ、ええかっこして評論家ぶらないでよ」

ちらっとでもそんな風に受け取った女性がいるなら、そういうのを度し難い女という。死ぬまで不平不満を食って生きればいい。

さてさて、嫁、姑のこの二文字、姑はまず「古」から考えてみなくてはならない。「ふるい・かたい」の意をもつにはそれなりの推移がある。それを解くカギは「口」にある。口といえば「くち」の形だと一般に思われているようだが、口の用途を考えてみると、ものを食べる時の生理的機能としての口と、

意志を伝達する発声経路としての口

の二つがあることがわかる。活字の形によって食べる口の象形とのみ見ていたのでは「古」の解釈が成り立たない。「口」と一文字の場合はこの前者とみてよいが、他の要素が加わった文字「名・吉・告」そして「古」のような場合の口は、語る、告げる、祝う、呪うなどの口である。古代人は全ての言動を神の意志としていたから、もの言うとは、神霊、祖霊に問う祝祷であったり、呪禁の行為だと考えるべきであろう。

「古」が、

と書かれていることと、「吉」が、

とあらわされていることを比べてみると、両者にかなり近い字義の展開があったことがうかがわれる。少なくとも説文に言うような「古」は「十＋口」ではなく、祝呪の言をかたく閉ざしてその誓言を守ることを意味する武器の象形かと思われる。それをさらにかたくまもりを維持するべく「口」が付加して「固」となったと考えれば理解が早い。

「吉」では郭沫若氏が、上部の「仐」をオスの性器の形だと解いているが、はたしてどうだろうか。いかにも唐突の感があって納得しがたいし、「口」を含む文字「右・言・吾」等、先に挙げた文字も含めて文字生成への一連の共通性を追う考察を常道とする立場からすれば俗解のそしりは免れない。ここはやはり、祝呪を守るための武器、その形から鉞ーマサカリのようなものではないかと推論する。武具を神に捧げることは、それ自体が神への祷りでもあった。日本でも古来から剣を神前に奉納することは神への誓約の覚悟の深さを象徴する儀式であった。神への誓言や祷りはあだおろそかにすべきではない、それを固く守ってこそ、自らもまた神の子なのである。

その守るべき神への誓いを打ち壊してしまう行為を「故」という。

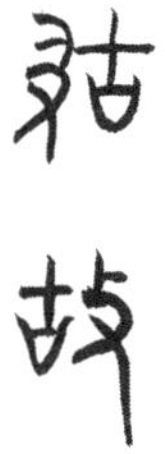

人為的に別の武器「攵」

をもって打擲(ちょうちゃく)している文字である。「古」は「故」と一であり、だから古紙を故紙といい、温故知新を「ふるきをたずねて……」と読むのだというが、それは便宜的な後世の読み方であって、本義は、遵守と打破の相違がある。

もの書きには哀しき性があって、当初考えもしなかったところに次々と飛び火して、論点が拡散してしまうのではないかとおそれながらも、ペンの方が止まらないことがしょっちゅうある。わかっているくせに止まらないのである。まして、本書のように論証を伴う解説の引き回しでは、どこまでで鎮火させるかの見極めが肝要なのだが、ついついこういうことになってしまい勝ちである。饒舌部分についてはご勘弁いただきたい。「姑」を語るために「故」にまで及ぶとは予定になかったことで、ひょっとしたらこういうのを「未必の故意」というのかもしれない。本書の進め方は全編これ「事故」だらけと承知しているが、「故」の本義は意外にこんなところに残されているのかもしれない。

「姑」は「古」が「ふるい・かたい・かたくなな・ひからびた」等の意をもつから、齢をとった女のそういう様と解くのが通説のようだが、それでは「姑」が可哀想、確かに若い女を指すことばではないからその一部は認めるが、「神呪に関わる女」が初生の字義であろうと思う。一族を束ねる女の内なるつとめであったと考えれば「はは・しゅうとめ」の転義をもったとしても一応頷ける。「姑」という文字があるが、これもほぼ同義と思われる。

「嫁」が後回しになってしまったが、この文字も当然「家」をどのように解釈するかにある。

「宀」は家、「豕」はぶたで神への犠えである。それを家屋の中の最も神聖な所に供えたという説もあれば、豚は子沢山でしかも安産であることから繁栄する家の意と解く人もいる。後者はご都合解釈とみて無視するが、右の終字の形から豚ではなく犬だとの説もある。

殷墟は安陽県小屯にあるが、発掘作業が進むにつれ、多数の首を切られた人骨が出土した。墓域としての出土とは考え辛い状況であることから、これらは神への犠えとされた奴隷達の遺骨であろうと見られている。家や塚を建立する時、地の神々を鎮める儀式として動物が捧げられたが、どうやら人間も供されたらしいことを示している。架橋の場合の人柱も同様と考えることができる。

近代建築のビル群を注意してみていると、必ず「定礎」の文字が刻まれている。基壇を安定させてその上に神聖な建物を築く工程上の手順を示しているもので、一般家屋でも地鎮祭や上棟式を行なうが、古代ではこういう時に必ず犠えを神に差し出した。そのことをしるした文字が「家」であろう。できあがった家ではなくこれから造る家のために行なう儀式である。犠えとしては豚もいたであろうし犬もそうであったかもしれない。大がかりな神廟では、人間も、であったわけである。彼等の最高に汚れのない家とは血のイニシエィションを伴うものであった。

神聖な祖霊を祀る「家」のきりもりをしてくれる女の後継者を迎えたのが「嫁」であり、新参者としてはしっかりと伝授を受けておかなければ来たる時につとめを果たせなくなるから、「姑」の一挙一動からの学びを大事とし、家を守ることの何たるかを真剣に姑から教わるのである。

甲骨文の中に、先王の妣（「妣」については後章で述べる）が嫁してきた女性に対してたたりをなすことを記したくだりが多く出てくる。千古の昔から平均的に女性の方が長命であるから、「たたりをなす」の箇所については、王没後の姑と嫁の立場での確執でもあり、姑は死して後も嫁にたたることを意味している。では、こういう時にどうするのかと言えば、修祓の儀式を行なった、とある。要するに「おはらい」をしたということである。これを「御」という。

「御」とは「禦」の祖形をなす文字で、糸のように見える部分では、麻の紐を撚り合せたもの、それをぶら下げておいて祈れば、その麻紐に神が宿り願いがかなうとある。悩み多きかたは一度試してみてはいかがであろう。

一つの家族という核の中に新たに加える女が「嫁」だというような目付きで見ていると、自分より後から入ってきた新しい女だから、古い女「姑」が、かつて自分が受けた体験を再現するかのようにいびる図式となり、それではまるで旧軍隊の新兵いじめと同じで救いようがない。一般的な解釈による「うちのよめ」というなら、「嫁」ではなく「媳」がそれにあたる。「息」には「子を産む」の意があり、息子のよめの意に当てられた文字である。

この章、まったく艶っぽい話がなくて恐縮だが、「嫁と姑」、この確執を少しでもやわらげる一助ともなればと展開してみた。

ついでに、「姑」に対して、お嫁さんを「新しい女」とでも造字してくれておればよかったのにと、しゃれ含みの期待で探してみたところ、「媭」といううれっきとした文字があるにはあった。ただ残念ながら、「よめ」と同義とするには遠く、古い国名として伝わっている文字だとのことであった。そういえば、女の付く文字には、古い姓、古い国・地名等を表しているものが多く、女の腹から生ずる生命とその営みに造字の焦点が向けられていたことには大いに敬意を表すると共に、漢字文化圏に息づく一員として幸せなことと思う。

第八章 「安」について考える

中国滞在の時、いちばん困ったのはトイレであった。ホテルや駅、デパート、公共施設の建物では格別のことではなかったが、ちょっと街の中心部から離れたところの公衆便所では、男女共用であるばかりでなく、申し訳程度でしかない仕切りと、扉も金隠しもない板の上にしゃがんでいるのであるから、とても正視できる姿ではなく、加えて、これから用を足すべく入っていく者とモロに対面する姿勢でかがみこんでいて下半身丸出しというのでは、出るものも出ないじゃぁないかとアワを食って逃げ出したとしてもおわかりいただけよう。お国柄とは言え、男はともかく、女がそれで平然としているのには驚かされた。月の障りに当たっている女性たち、特に若い娘たちはいったいどうしているのだろうと余計な心配が走った。

日本人は特に羞恥心が強いのか、こういう場面に出くわすとおろおろする。放尿の音が扉の外に漏れるだけでも恥ずかしいと、水洗の弁を二度三度と使用する日本人女性たちに比べて、彼我の差のあまりの隔たりに言葉を失ってしまう。排泄作業はたとえ親きょうだいといえども見せるものではないと個室の安心に委ねてきたから、ここまでオープンになると天晴れという他はない。

そう言えば、女ヘンの文字の中にズバリ月信（月経）を表している文字がすぐに浮かんでこない。あってもいいはずの文字が記憶のかけらもないとなるといらいらしてくる。再三くどいようだが、改めて文字生成の過程の中に女が加わっていないことを強く実感する。

後日、辛うじて「姅―月のさわり」「娗―しもの病い」「娍―女の汚れ」を拾いだした。美醜、賢愚の分類が多岐に亘っているのに対し、実にあっけらかんとしたものである。月経を「経」、「経脈」と表す現代語での話でなく、「女」を含む文字そのものにもっとたくさん残されているのではないかとの予想は見事にはずれた。

「女・母」の章で、女の象形に「|」「・・」が加わっている文字には右意が潜んでいると触れておいたが、「安」にはなおそのことが明らかにされている。

「妝」字には

とあり、女が化粧台の前で装いをこらしているとの解字のほかに、ベッドに横たわって安静の時を過ごしている様子と付け加えておいてもよいだろう。

「|」「∶」はお襁褓（むつ）を表しているとの解説が一般的である。とすれば、経血を防ぐ布の意としてまず間違いはないだろう。それがどんな形で、どんな質の布であったかはうかがい知ることができないが、きっといろいろな工夫をこらしたものであったに違いない。保健衛生の知識が疎い時代、あまつさえ、男がいばりくさっていた頃のことであるから、ひそかに身の処理をしている女の姿が映し出されているようで、痛ましい思いがする。

「寝」つまり「寐」では、

第一字は「」であるから「人」が寝ている様子との解き方でよいが、第二字は特に「女」が寝ている形になっていることから、ごく一般的な安眠も含めて、病気で臥せている女ということになり、わざわざ女を含む文字として表しているからには、男にはない病いによるものとして、または、月のさわり、あるいは、つわりがひどくて苦しんでいることを示しているものかもしれないとの解字も成り立つ。つわりを表す文字として「**要**」があるが、「帝」は、

で、木を組み合わせて作った神を祀る台を表している。つわりの症状を示す女とは、神のみ心を体して妊娠しているのであるから、その台に横たわって何らかの儀式が行なわれたのかもしれない。

生理期の女が静かに家の中で休んでいる形が「安」であるなら、古代人もけっこう女に優しかったのではないかと、ちらっとでもそんな風に考えた読者がいたなら、修正をお願いしておこう。実は女への優しい気遣いではなく、経血を流す女を汚れとして徹底的に忌み嫌って隔離したというのが本意である。この大嫌悪が、後世すべてに女の社会進出を妨げてきた因子となったと考えても決して過言ではない。

生理期間中、女は静かに家の中でじっとしている他はなかった。「静かに休んでいる」の意から「やすめる」「やすらか」「やさしい」などと転じてすっかり安心できる文字となった。

大阪府の女性知事が大相撲千秋楽の土俵の上で賞牌を手渡したいと申し出たことに対して、予想どおりに却下されたというニュースがひととき賑わったが、これも根の部分にある「女の汚れ」が言わしめた言葉である。女それ自体の存在が男の修業の妨げとなるなどとカッコよいことを言っているのも男の勝手な論理の引き回しで、それじゃぁ女の修業はどうなるんだと、女性たちはもっとわめき散らしてもよい。

男僧は好き勝手に女と交わりながら、女僧には生涯ならぬを押しつけている宗教の不条理も、もうそろそろ解禁しなさいと言いたくもなる。男本位社会の中で飼い馴らされてきた女性史の悲哀をつくづくと感じさせられる。

もっとも、臨月間近の女僧が宗教的司祭にたずさわっているとしたら、抵抗を感じる人がいるかもしれない。

杜氏に女性が従事することは考えられない歴史の歩みだったが、近年その禁が和らいできたのはいい傾向である。女性ばかりのスタッフで酒造会社を興したという「豪の者」達の酒を舐めたことがある。品のいい仕上がりになっていた。昔からのしきたりに逆らうことへ敢然と挑んだこれら女性たちの勇気は尋常なことではない。拍手で讃えたい。

男の仕事とされてきたものの99%は女にもできる。逆に女の仕事の何%を男がこなし得るだろうか。

第九章　「免」について考える

「さあ、楽しくお勉強をしましょう」

先生が言う。

小学生程度なら「楽しく」も方便でそれもよいが、中学生ぐらいともなれば勉強とは楽しみながら片手間にやるものではないことを悟らせたいもの。「勉」の字の元をただせば生半可なことは言えなくなってしまうのだ。

勉は「免＋力」で、問題とする部分は「免」にある。

血のにじむような努力の甲斐があってついに免許状を手にした、本来許しがたいところだが特に罪一等を減じてご赦免とする、現下の国情では実に厳しいところだが、思い切って免税措置をとろう、といった具合に、堪えがたきを堪え、しのびがたきをしのんで、辛さの極致を経験した上でという意

味がひそんでいる。では、何がそんなに辛いのか、文字の原義をたずねてみよう。「免」は、

で、第四字の上部は人型、中央は股を割ってしゃがんでいる姿、下部は子どもの出産を示す破水を表している。つまり、分娩そのものの造形なのである。現代の出産は仰臥位で医師や看護婦、あるいは助産婦が付き添って至れり尽くせりであるが、古代の女性はしゃがんで出産し、自らの手で子どもをとりあげたのである。そのことをこの文字は物語っている。そういえば、産んではならない子どもを駅のトイレで産みおとし、その始末に困ってコインロッカーに入れたという事件があったが、古代女性の出産とはそれによく似た形であった。誰からも祝福され、望まれて生まれてくる子どもなら、女性はどんな姿、かっこうにも堪えようが、公衆便所を分娩室にしなければならなかったとは、あまりにも不憫（ふびん）である。

「免」には、抜け出す、脱ぎ捨てる、抽きだす、しぼりだすの意が含まれている。これは、狭い産道を通過して産まれてくる赤子の生命力の強さと、産婦の渾身の力を意味しているのである。こればかりは男性族の理解を超えた異次元の世界としか言いようがなく、出産に対する女性のたくましさは驚異という他はない。

　おそらく古代中国の女性達の初産年令は平均十四、五歳だったのではないかと思われる。現代との比較は禁物だが、人間としての生理的発達という点ではあまり差はないと思われるから、この年齢で

の女性としての体の発育という意味では、まだ未開の域を免れないが、それでも、本能的に生命を宿し産み出す機能は備えていた。そして「免」なのである。後に女ヘンが付いて「娩」が生まれ、もっぱら免の本義は娩に譲ったが、そもそもの発祥は免にあった。

「免」の、小さく狭い関門を通過する意味に、さらに人為的に努力研鑽の「力」を加えたのが「勉」であり、それになお「強」が付いて「勉強」であるから、勉強とはそもそも辛いものなのである。大学に合格した若者が、「さあこれから思いっきり遊ぶぞ」と言ったとか言わぬとか、不心得もいい加減にせぇ、本当の勉強とはこれからじゃないか。勉強の辛さに負けそうになる若者たちよ、女性の出産の辛さを慮って、自らのなすべき業を投げ出すではない。適当では子どもを産み育てられないことをよくよく知るがよい。


　文字は次第に抽象化、象徴化され、多義に派生していくから、現代の感覚で理解しようとすると本義が見えてこない。漢字の九十%以上が形声、会意文字であるから、本来の意味を知ろうとするには、主にツクリの部分を追求していけばよいことになる。娩の他に「晩・挽・輓」などについて、なぜ「免」であるのか推理を働かせてみてほしい。

「免＋、」→「兔」はどうだろうか。わずか一点のあるなしの相違のように見えるが、こちらの方は「兎　うさぎ」と同字で、現行慣用的に書かれている「兎」は俗字である。うさぎの象形

から出た文字で、「免」とは根本的にその発生条件が違っている。にもかかわらず、うさぎは安産で云々と逆説的な手法で無理矢理「免」にこじつけようとする人もいる。困ったものだ。

最近テレビで自らの出産体験を明かす番組があった。それによると、妊婦が最も好みの体位で出産し、助産婦が手をそえるという内容だったが、なんと、台所に置かれた食卓の椅子につかまって中腰で分娩するというものだった。まさに歴史の里帰りの感がある。水中出産といい、ラマーズ法による無痛分娩といい、夫が妻の産みの苦しみを共有するのだとして立ち合うのだそうであるが、現代の若い男性は優しくなったのかあまり抵抗なく応じるらしい。筆者など言下に「ノーサンキュー」である。妻に聞いてみたら「私だっていやですよ」とのことであった。

第十章　「換」について考える

ひとと話をしていてことに苦手なのは、テレビでの話題を持ち込まれることである。テレビを見ないわけではないが、どちらかといえば見る量が少ないので、最新のニュースにきわめて疎いほうであるから、ほら、だれそれがこんなことを言ってたでしょ、してたでしょといった風な話の引き回しをされると、話の継ぎ穂に困ってしまうのである。テレビタレントの名前は聞いたおぼえはあっても、顔と一致しないので始末が悪い。なかでも、テレビで聞いた話を自分の意見のように言うタイプにはほとほと手を焼く。初めのうちこそ感心して聞いているのだが、どのあたりからか、あら、何だかおかしいぞと気付く。どこがどのように、ではなく、いやにことばの生っぽいところと、よくこなれたところが混在していて、その人のことばらしさがないところを感じ始めるからである。つまり、論理の一貫性に欠ける部分が見え隠れするということである。こういう手合いを現代版「換骨奪胎」ということなのだろう。

換骨とは文意の骨を取り換えることで、「不レ易二其意一、而造二其語一」（其の意をやぶらずして其の語をつくる）として「換骨法」といい、「規二範其意一、形二容之一」（其の意を規範として之れを形容す）として「奪胎法」と言うと古書にある。骨といい胎といいずいぶんあからさまな文字を使ったことばだが、「人のふんどしですもうをとる」に近い印象をもつことばで、どうもあまりひびきがよくない。「胎」については別の章でとりあげる予定であるので、ここでは母胎や胎児の胎とすんなりと受け取っておいてもらうことで先に進めるが、「換」の方は生々しいばかりに女に関する文字であるので、異説もまじえ紹介しておきたい。

古代の女性はしゃがんで出産したと先に述べたが、自然分娩の形としては陣痛時の腹圧をこめるのにもそれが自然体ではないかと思える。これも先にちらっと書いたが、水中出産もなかなかのもので、病院や産院の施設の完備とともに、妊婦の心理的抵抗さえ薄らげば今後ますます増える分娩法かもしれない。水中ということから「流」の考察を少し加えておくが、

諸説あることからここでは、赤ちゃんが羊水とともに生まれきたることを表している象形であるとの解説にとどめ、水中での分娩はその意味でも理に適った方法であり、古代女性も試みていたのではないかとの私見までとし、別章に稿を改めたい。

「免」が産みの苦しみを表している文字なら、「奐」は出産そのものの象形であるといえる。

上部は女性が股を開いてしゃがんでいる形で、下部はその股間に手をさしのべている形である。この手が人為的に加わった「特別な手」だとして堕胎を意味しているのだとの説がある。そうであるともないとも決めがたいが、はたして、今日でもヘタをすれば母体の生命にかかわるようなむずかしい掻爬（そうは）の手術を施す知識や技術があったかどうか、筆者には多分に否定的な考えが先行する。子どもを宿すのも神のみ心、子どもを産むのも神のみ心と、神や祖霊に対する従順な崇敬の念がすべてを支配していた時代に、手術による堕胎というような選択を女性が採ったとはどうしても考えにくい。何らかの事情があって産みたくない子ども、産んではならない子どもであるとすれば、中絶効果のある薬草の服用か、腹部への外的な衝撃を与えて（あるいは水漬けのようなことも含めて）流産を意図したと考えるのが自然であるように思う。そういうことにくわしい女巫が相談にのってやったり、呪術的な施術を試みたということはあったかもしれない。

「換骨」そして「奪胎」は、ずばり堕胎を意味すると解く説があるが、ずっと後世の成語を持ち出して文字の源流を解くのは、読み物としての興味はそそられるかもしれないが、多分に牽強付会のそしりは免れない。百歩ゆずって、添えられている手が外科的手術の手だとすれば、もっと多岐にわたってその種の文字があってもよいはずだが、あまりにも唐突にこの文字のみである。筆者にはせいぜい今日で言う産婆の手であるか、自らの手でやむなく流産させた子どもをとりあげている表現だと見えてならない。

「奐」の解字法として、「産婦の股に両手をあてた形にかたどり、次々に、ある時は男児をまた女児をというように赤子をとり出すさまから、とりかえる、さかん、変化に富むいろどりを表す」とある辞書にあって、暗に産婆のような専門職が実在していたことを匂わせる解釈となっている。古代の女性はたくましく自らの手で出産したのではないかと考えている筆者としては、胎児から新生児へと、その瞬間より内外その処をかえるところから出た義ではないかと見ているので、承服しがたいものがある。「換・渙・喚」などそれぞれヘンが付いて生じたのはずっと後のことである。

第十一章 「桃」について考える

「桃太郎」、この有名なおとぎ話を知らない人はまずいまい。おばあさんが川で洗濯をしていると川上から大きな桃が流れてきたので拾い上げて持って帰り、柴刈からもどってきたおじいさんといっしょに、俎の上にのせて切ろうとしたらパーンと二つに割れて中から玉のような男の子が生まれたという。

普通、桃を食べようとする時、大きな種の部分を除けて包丁を桃の真ん中には入れないし、先に皮を剝く人もいる。この物語では二つに割ることから始まっている。子どもが生まれ出るぐらい大きな桃だったからとにかく切ってみようということだったのかもしれないが、この初動部分はやはり何となくなじめない。実はここのところがミソなのだ。りんごや柿ではなくてなぜ桃であったのかのカギがここにあるのだ。

殷の時代には占卜（せんぼく）が大はやりで何でもかでも占いに頼った。鹿や牛の骨、亀の甲などの固いもののほぼ中央に穴をあけておいて、焼き火箸のようなものをその穴に押し当てると、ボクッと音がしてひびが生じる。そのひびの走り具合で吉凶を占うのである。卜辞とか占卜というのは、そのボクッという音を「卜」という文字

で表したもので、何を占って生じた亀裂であるかが記録として刻み付けられている。殷の文字が甲骨文と称される所以である。縦か横か斜めか、その時の状況でいろいろな割れ方をする。パーンと割れたその様を「兆」

というのである。無数に走った亀裂の線がどんな状態なら吉であり、または凶であるかの判断については、書き残された客観材料がないのでうかがい知ることはできないが（占いとはそういうものだろうが）、おそらく王者にこびへつらう占い師が横行していたに違いない。

「桃」は植物であるから木ヘンが付いているが、この文字を解くかぎはもちろんツクリの「兆」にある。兆の象形は二つに割れた形状を示すと述べておいた。女性の性器も二つに割れている。桃から生まれた桃太郎とは、まこと、出産そのものを指しているのである。他のどんな果物をもってきても成

り立たない絶対性が桃なのである。かてて加えて、桃それ自体のあの形である。

桃にちなんだ行事として桃の節句がある。女の子の無事成長を祈るというが、簡単に言い切ってしまえば、女の子が「女」になることを期待しての親心である。いつまでも「女の子」でいてもらっても困るのだ。実は早くパーンと二つに割れてほしいというのも親としての切なる願いである。だから、桃の節句の雛飾りは早く仕舞わないと嫁ぎ遅れるなどということになった。

こんな風に言うと、不快げに筆者を睨み据えている女親達の顔が見えるような気がする。何という下品な、あなたには人間としてのつつしみというものがないのかと言いたげな様子が見える。しかし、字義をたどっていけばこういうことになるのだから仕方がない。

そう言えば、男の子の「チンチン」に対して、女の子の場合、卑猥な俗語がまかり通っているだけで適切な用語がないので、「モモちゃん」と言っているお母さんがいると聞いたことがあった。実に可愛い呼び名で、言い得て妙と感心する。性教育の最前線に立つ某女史が教育現場に請われての講演で、「ワレメちゃん」を連発していたが、あまりにも直接表現で、これこそ下品そのものだった。

世界各地に性器崇拝の信仰形態が見られるが、日本でも至る所にその風習が伝わっている。祭りの大半がそうだと言っても過言ではない。男根石や女陰石がうやうやしく祠の中に鎮座ましましている。天狗の鼻のにょっきりと屹り立った形も、何やらの穴くぐりなどという厄除けの民間信仰も、言うなれば性器崇拝の名残である。神社の鳥居が女陰のデフォルメであることに思いをいたせば、ことごとに性を謳歌したものであることに気付く。古事記の国生み神話もこれ全編セックスの表象に終始しているもので、桃太郎の話など軽いジャブ程度に過ぎないが、おとぎ話の中に仕組んだ巧妙さには感心する。

少し堅い話になるが、中国の例を抽いておこう。桃の木で人形を作って邪鬼を払う…「桃人」、桃の木で札を作り元日に門に懸け一年の吉祥を祈る…「桃板」、桃板二枚に神像を描いて門の左右に懸け悪魔退散を願う風習が後に紙に代わり春聯となった…「桃符」、といったように桃に関連しているものがいくつかある。「桃夭の典」と言えば嫁入りの儀式を言い、「桃花運」とは男女のつきあいは乱れ易いものだとの意、「桃花浪」は桃の花が咲く頃、川の流れがみなぎり浪立つということから、派生的に道楽者を表している。「桃花癸水」とはずばり月経を指している。要するに桃は即、女性の性器を連想させるところから発している。だから「桃」という字はずばりそのもののはずだが、

そこはそれ、歴史の時の刻みがうまい具合に風化させて、「兆」の部分が「きざし・しるし・あらわれ」といった転義の方へと人口に膾炙されていったため、「跳・挑・逃・窕」などの文字も、二つに割れるという原義をあえて持ちださなくても済むようになったが、どうしてこれらの文字に兆がからんでいるのか推理をたくましくしていただきたい。女のみめよくしとやかな様を「窈窕」と言うが、それはずっと後代になって派生したもので、「窕」の本義は「穴＋兆」でまさに女性の性器そのものを示している文字である。

　桃太郎の話の中でずっと気になっていることがある。それは、ドンブラコ、ドンブラコと流れてきた大きな桃というだけで、どのぐらいの大きさなのかが明らかにされていないことである。絵本では西瓜をさらに二まわりか三まわり大きくした形に描かれているが、作者先生の筋立ての原案は、子を孕んで途方にくれている女を助けたというあたりだったように思えてならない。売買される女の悲哀、男の暴力に屈する他なかった女奴隷の逃亡の悲話が絡んでいるようにも思える。子を産み落とし、力尽きて果てた母親の無念をはらすための復讐劇、とでも鬼退治を結びつけてみると、鬼が島遠征は桃太郎の悲願であったという話になる。　まさかこんなことを明からさまには書けなかった時代背景もあって、すべてを「桃」に帰一させる方法を選んだのではないかと……。

第十二章　「奴」について考える

漢人はよほど誇り高い民族だったとみえ、自分達がすべて正義で尊く、北方や東南部の異民族は蛮族と見ていたらしい。匈奴（きょうど）、鮮卑（せんぴ）などといった漢字の当て方は意識的に卑しむべき用法そのものであり、日本についても倭・倭人と呼び、邪馬台国、奴国（なこく）、狗奴（くぬ（な））国（こく）のような呼び名となっている。いぬ（狗）、どれい（奴）のような文字が当てられているのは、考えがそこにあったからであろう。経典の中にはサンスクリットの発音を当てた漢訳の呪文の文字が羅列されている部分があるが、基本的に文字選定の姿勢が異なっている。般若心経の最後にある偈頌（げじゅ）には、

掲諦（ぎゃてい）　掲諦　波羅（はら）掲諦　波羅僧掲諦　菩提沙婆呵（ぼじそわか）

とあり、格別に違和を感ずる文字は配当されていない。こだわりついでに法華経陀羅尼品（だらにほん）の偈文に用いられている文字で「ヤマタイ」あるいは「ヤマト」にあてはめてみると、

ヤ…夜・冶　マ…摩　タ…多・哆　イ…伊・璋　ト…兜・兎

となり、これも彼我の差を示すような文字にはなっていない。もし、現代中国人が当てるならどんな漢字を選ぶだろうか。

古代中国にあって、奴隷とは最も卑しむべき人間だった。いや人ではなくモノであった。生涯奴隷の身から脱することができないように、入れ墨を施したり、額に焼きごてをあてたり、目を潰したりした。説文には奴隷とは罪人であると説かれているが、戦勝記念として支配下においた奴隷も多かったろうと思われる。良民とは徹底的に区別され死ぬまで労働が課せられ、病気になることは即、死を意味することであった。労役に従事できない「老」もまた簡単に切り棄てられた。中でも哀れなのは女の奴隷、すなわち「奴」で、男のなぐさみものとなり、否応言えるものではなかった。命を永らえることができただけでもよかったと言えなくもないが、当の女性達にとっては果たしてどうだったろうか。「奴」は、

「又」は手を表している部分であるが、この文字をよく眺めていると、いかにもこの部分にいやらしい男の欲望と暴力が見えてくるような気がする。女はじっと耐えるしかなかった。母娘が一人の男に凌辱されている図、あるいは卑猥なことばを浴びせて輪姦にうち興じている男達の図を想像するに難くない。女奴隷とはまさに性奴だったのである。

日本の軍隊が中国や朝鮮民族の婦人達を無理矢理連行して性奴としたのは、つい六十年ほど前のことであった。私は日本軍の従軍慰安婦だったとの涙の訴えには、ことばに尽くせない苦悩があっただろう。この勇気ある告白に対して、日本人の一部に、今さら昔のことをくどくどと言いたてる……とのニュアンスの発言があるのを耳にする。わけても日本女性の理解の示し方が何となく冷ややかに見えるのは筆者の気のセイだろうか。やった側とやられた側のすれ違いであるが、民族の誇りを根底から奪い去っておいて、もう時効だ、はなかろう。旧軍隊がやったことで我々は関知せざるところでは通用しない。

ロシア進攻で満州にいた日本人はからだ一つで逃げ出した。ことに女性は断髪し、顔にスミを塗って男を装ったというが、どんなにカモフラージュしても所詮女は女、多くの女性達が性的な被害を受けた。素裸にした女性を戦車に磔けにして猛攻してきたともいう。いたましいことだが、従軍慰安婦の問題とは根本的に相違する点がある。朝鮮婦人の掠奪、連行には国家の認容があったという点である。おそらくこの決め付けには異論が生じるだろうことが予想される。しかし、統帥部がそれらの事実を見て見ぬふりをしたことは認容以外のなにものでもない。国がらみで性奴を製造していたとは情けないにも程がある。慰安婦の中には十一、二歳の少女もいたという。陰毛も生え揃わぬ少女をパイパンと称して珍重したという。慰安婦達は一日に五十人も六十人もの兵士達の「共同便所」だったのである。

沖縄で米兵による少女暴行事件が発生し国際問題となったことがあった。少女の受けた肉体的、精神的苦痛のどんなにか深く大きなものであったかを思うと胸がいたむが、それとは別に、日本国民が、政治的に人道的にこれを糾弾する資格があるかどうかを考えると複雑な思いがする。

札束で横っ面をはるようにして発展途上国の貧しい女達の体を玩ぶ男たちがいまだに後を絶たないという現実は、かつての植民地支配をしていたころの驕りと根の部分でまったく変わってはいない。奴隷制度など大昔の話だと思っている人がいるなら考えを改めてほしいものである。まさに「奴」に相当する奴隷がわが国において厳然として存在していたという事実に目をつぶってはならない。

奴隷の「奴」が女奴隷ならば「隷」は男奴隷である。異民族を捕らえてしもべとした男達であるが、苛酷な労役に服するか、耐えられなければ死を意味するものであった。よほど特殊な才能、技術でももっていないかぎり、免れることはなかった。

「隷」は説文に「柰＋隶」とあるが、「柰」はさらに古い形として「祟」があり、諸説に分かれ、その構造の深部に触れるものがなく、決め手となる資料が乏しい。「隶」は、

と、獣の尾を手でつかまえている象形で「およぶ・つかまえる・したがわせる」などの意が生じているが、それによって祟りを祓う儀式のようなものがあったのかもしれない。隷の小篆には、

の二種があり、「祟」には罪人や異民族を討伐した時に得た奴隷の意味がある。説文に「付着する」の意となっているが、古形を「隷」

に求める説もある。「隷」には「ころす」の意があり、罪を付着させこれを処罰する、につながるとする。戦勝で手に入れた男奴隷の大半は殺害の憂き目にあったというから、この説に従うのもあながち外れたことではない。

第十三章　「必」について考える

前章で従軍慰安婦について触れたが、いま一度もう少し書き加えておきたい。

かつて、恥ずかしながら我が皇軍兵士達は列をなして慰安所に通った。中国人の慰安婦を支那ピーと言い、朝鮮半島出身者を朝鮮ピーと言ったという。

「ピー」とは女性器を指すことばで「屄」と書き、「屁」ときわめて近い成り立ちの文字で、明解すぎて顔のあからむような文字である。彼女達に「ピー」を浴びせかけることは、日本語で女性器を表す俗語を人前ではばからず連発することと同じで下劣なことおびただしい。からっとした明るいワイ談は筆者も大いに好むところだが、用いることばにはおのずから適度、適量、そして節度というものがあってしかるべしで過ぎれば品性を害する。まして、あの戦時下における女性達の涙を慮ってやる一かけらの心すら持ち合わせなかった男達に激しいいきどおりを覚える。日本政府は開発途上国への支援にはエライ熱心だが、自ら犯した罪の償いには反省の色すら見えない。立場をかえて、もし日本が受けた災禍、屈辱であったとしたらどうだったろうか。拉致監禁同様に女達を調達し、その夢も希望も奪い去ったのである。日本には侵略行為はなかったとうそぶくような人物が国政の中枢にあって、その錯誤を突かれると口先だけは一応の謝罪をして済ませるといった茶番劇はもう願い下げにしてもらいたいものである。時の経過で風化させてしまえの論法で、彼我の差を縮めようとする努力が日本側には欠けている。罪は罪、悪は悪としての当然の結果を心からの謝罪を副えて報いるべきではないか。

「必」は「八＋弋」で、「八」は境界を示し、「弋」は杭あるいは標識と解字されているが、杭を立ててここが岐れ目だと明示すれば誤りがないということから、「さだめる・わける・きっとそうなる・かならず」の義を引き出してくるのが一般的である。

一方で「柲」の原字であるとして「くむ・しばる・しめつける」などの義もある。

第一字から「朩」との関係を解く方法もあり、「必」の解字は多岐にわたるが、今「柲」として「ゆだめ」の意から解き起こしてくると、音韻的にも「比」との関わりが深くなり、にわかに色っぽくなってくる。ゆだめとは曲を直に、または直を曲に矯正するために紐で縛って成形することを言う。「閉」にも通じるところがあり、かすかな隙間から液がしみ出ることとの意もある。「比」がお尻や女性

器の形を表した文字なら（後章に改めて述べる）、「必」はその機能の微妙なアヤを示した文字と言えよう。泌尿や分泌の「泌」とは、両壁によって一見閉ざされたかに見えるかすかな隙間からしみだしてくる様であり、女性器の双丘が意図されたものとみてよい。閉ざされた内容がより堅固であることを願って「秘密」の文字がある。秘密は漏れやすいと言うが、パーフェクトな牢舎ではなく、俗に言う蟻の一穴を宿命的にかかえているそのミクロの空隙が、機密漏洩につながっていくのである。隠れた不倫の恋の秘密もいつしか露見し、秘密を秘密として全うし得た例はおそらく百中の一ほどのことでしかなく、ことに女性は不倫の結果を腹に宿そうものなら、「秘密の門」を手術台の上に曝す羽目に陥るばかりか、夫婦関係の重大な破局につながることを覚悟しておかなくてはなるまい。二人だけの秘密だと信じきっている間が究極の楽ということなのだろう。不倫の恋はいかなる理由を問わず晒し首であった江戸時代、それでも後を絶たなかったのであるから、まこと、男女の恋はすさまじい。恋が文学の永遠のテーマになっている所以でもあろう。

「泌」と酷似した文字で書き誤る例が多いが、「沁」は

で「浸・侵」に通じ、奥深くしみ込んでいくことを表している文字で、「泌」とは逆の意味をもっている。

冒頭に戻るが、従軍慰安婦の調達は「屄」そのものの掠奪であり、心の斟酌は無用の暴虐行為だ

ったのである。女をそういう目でしか捉えられなかった男の蛮性を憎み、激しい憤りを覚える。慰安婦の導入によって一般婦人への性的被害が防止できたのだとの論法を誇らしげに言う人がいるようだが、そういう連中が「聖戦」を標榜していた張本人だったと思えばなおのこと腹立たしい。論理のすり替えも甚だしい。

第十四章　「比」について考える

　心ならずもこの章は下卑た内容に終始することをあらかじめ断っておきたい。どうして「おなら・へ」を「屁」と書くのか、この辺で述べておきたくなった。

　おならの音のピーから「比」を配したということになっているが、単に発音上からだけのことでもあるまい。「比」は、

と表されている。上の字の甲骨では人が寄り添った形となって「くらべる」の意を引き出すが、さらに広く同じ形状のものがぴったりと二つ並んでいる形と解字される。「桃」の章で「兆」は二つに割れるという意味での女性の性器を解いたが、「兆」がその能動的な形態を指しているのに対し「比」

は形そのもののデッサンと考えていただきたい。であるから、単純に思いつくものにおしりがある。日本語では、おしりは「尻」、おならは「屁」と別字を当てるが、中国語では、おしりは「屁股」と書き、おならは「屁」と書く。

「尸」は「しかばね」で「屍」が第一義だが、次第に何となく下半身の部位や行為を示す常套部首に移ってしまった感がある。「屁・尻・尿・尾・屬」などがそれだが、このことはまた別に起こす。

女性の先祖、ことに亡き母を「先妣（せんぴ）」と言うが、知りすぎることも罪なもので、「妣」すなわち

で「比」と同形で後世女ヘンが付いた文字、

などとすぐに連想が働いて、どうも精神衛生上よろしくない。ここは素直に天国のお母さんとしての成語にとどめておこう。もっともこの文字ができたころには比にはすでに「ともがら」の意が派生していたから、「くらべる」と共に先祖を抽きだしてくる要因は整っていたが、文字それ自体の初原的な意味の印象が強いので、ついそちらの方に向いてしまうのである。「匕」は「比」の略形で、

と表す。意味の上に相違はない。そこで、メスを「牝」

で表す。ついでに、オスは「牡」で、

動物の象どりに牝は「」牡は「」を添えているところから、象形文字には明らかにその表意の意図がうかがえる。これを動物の雌雄の別として人間の男女の別へと組み込まれていくのである。

また、現行「土」は「士」だとの説もあって、男根の象形、

のいわれを解く人もいる。

こうして見ていくと、メスもオスも実に単純明解にできている。こういう文字の造形を見るかぎり、古代人は性に関してはあけっぴろげで大らかで、実に小気味よく決めるところを決めている。

では「尼」はどうだということになる。

これまでの説明では、あまりにも尼僧の方々に失礼ではないかとお叱りを食らうかもしれないが、筆者にその怒りや不満を向けられても迷惑する。文字そのものに従えば「尼」とはまさにそういう文字なのである。「尸」すなわち屍となるまで未通の女であったことを示している文字である。また別義として「尸」は、

のように「匕」と同形であることから「比」の別体と捉えることもできる。異体字で「𡰥」と書くことがあるが、もしかすれば「匕」ではあまりに明からさまだからと避けたのかもしれない。説文には「後ろから近付く」とあり、その「近付く」の意から昵懇・忸怩のような熟語ができているが、そもそもは品のよくない文字であることは避けられず、これを尼僧に当てたのは好ましくない選択であったといえる。乱暴な男が女をいたぶる時、「このあまッ」と叫ぶが、漢字を当てれば「女」または「尼」ということになる。関西地方ではメスを「メンタ」と言うが、これを女性にも適用して「このメンタ」と激して言うことがある。言われた女性も黙っちゃいない。「オンタ」とやり返す。後はお決まりの修羅場となる。案外こういう夫婦は仲がいい。

本線に戻そう。おならの音は、日本人ならさしずめ「プー」「ブー」だが、中国人は「ピー」と表

した。その音から「ピー↓比」を採ったのか、「比」そのものがどうしても必要な選択で、たまたまその発音が「ピー」だったのかというあたりになると、意見の分かれるところかもしれない。筆者は後者のほうにたって「比」を配することが最も重要なポイントで、二つ並んだお尻のわずかな隙間から発する「ピー」なるおならは、女陰の方にも連動して「妣」にもなり「牝」にもなり「尼」にもなったと見ている。そして、中国人は女性器そのものを「屄」と書く。この文字といい「糞」あるいは「屎」「尿」といい

糞  尿 

（注）「屎」の古字はない。

あまりに直接法に過ぎて「ついていけません」の感があるが、心から歓迎いたしますを「熱烈歓迎」と表すお国柄であるから、ずばりと決めることが最善の法だとして、文字生成ばかりでなく、思考や処世にも反映しているのではなかろうか。

和製漢字あるいは和訓の文字の中にこれに類した愉快なものがある。思いつくまま拾ってみると、

峠　とうげ　　働　はたらく　　裃　かみしも
娵　よめ　　嬶　かかあ　　娚　めおと
嫐　うわなり　　躾　しつけ　　颪　おろし
毟　むしる　　⿱男⿰男男　たばかる　　砕　あさる

などなど、なかなかのものである。

第十五章

「棄」について考える

「棄」には実に哀しい女の恨みと怒りと無念の涙が吸い込まれている。

あるいは、もう少し古い形で、

と表されている。上部は「子」の逆形で示されているが、これは逆子（さかご）で生まれてきたということではなく、望まれてこの世に生まれ出た子ではないことを表している。「子」は、

であるから、めでたくこのように書けない子どもであり、そこにはいろいろな事情が絡んでいる。赤ちゃんが何か箱のようなものに入れられて始末されている形が見え、空舟（うつぼぶね）を思わせる象形となっている。一見、女とは無縁の文字のように見えながら、古代の女の、せつなくも、もの哀しい業（ごう）を秘めた文字なのである。

　支配階級の男どもは奴隷の女に次々と子を産ませる。貴重な労働力ともなり戦闘力になるからである。では、奴隷の男と姦淫をした女の場合はどうだろう。こればかりはすんなりとおさまるはずはなく、子は棄てられ、殺される。自らも「棄妻（きさい）」（または「棄婦」という）の身となる。太古の昔から世の中の「道」とやらは女には不利、不合理にできている。男には許されて、なぜ女には許されないのかといくら喚（わめ）いてみたところで、連綿と世の中はそういう風にできている。男と女の生理的な根本的相違もあるにはあるが、やはりそこには男社会の論理がデンと座り込んでいることは間違いない。闇から闇へ遺棄されていく胎児の無量大数の生命の犠えがあるということも見逃すわけにはいかない。

　子を殺（あや）めるもう一つの理由に貧困がある。貧乏人の子だくさんとはよく言ったもので、産制用具や知識のなかった時代のこと、まあできるわ、できるわ、ぴょんぴょんと飛び出てくる。これじゃぁ食えんとばかり赤子をひねりつぶす。

　産婦が陣痛に入る。待ち受けていて、これを掻き出し、ちりとりのようなもので受けとめてポイとすてる。「棄」とはそういう文字なのである。

の部分は、破水とともに生まれ出てくる子であることを示し、

はほうきの形であるとするのが一般的であるが、古形にはそれと断じがたい形も見えるところから、小篆に示された形（冒頭第三字）のみの解字はつつしむべきところかもしれない。いずれにもせよ、子の始末をきちんとするための用具である。

は、左右二本の手で待ち構えて受けとめ、その手できれいさっぱり片付ける、そういう手である。

女にとっては子どもがどんな子であれいとおしい。殺したくはない、棄てたくはない。歯を食いしばって涙を絞ったであろうと思うと何とも痛ましい。

日本でも、東北や北陸で、それも近代史の中でさえ棄児（きじ）（棄孩（きがい）ともいう）、すなわち間引きのことが記されている。産声を上げる前にひねる、これがせめてもの親心だった。中には、自らの手をくだすことができず、箱のなかに入れて川に流す。どうか神様仏様、慈悲深いご加護がこの子の上に戴けますようにと、夜陰に乗じて祈りながら流す。実は「流」にも「棄」に近い原義がある。

子どもの無事成長を祈る儀式の一つとして、一度流棄した子どもを下流で受け、拾って育てるといったような考え方があった。しかし、受けてもらえた子はよいが、最初から受手のない流し子だった方が圧倒的に多かったことを知っておかなければならない。そういえば、イザナギ、イザナミ二神の初生児は蛭子（ひるご）であったとして、葦舟に積んで流したとの話が日本書紀神代紀にみえる。蛭子とは三歳になってもなお立つことができない未成熟児を指しているが、要するに失敗児ということで始末するのである。太閤秀吉がようやくもうけた子どもを一度は棄児の形とした後「お拾い」として育てた話は有名だが、これは、人の子としての汚れを流し去って、神の子として貰い受けるという考え方に立つパフォーマンスだと言える。子の流棄がすべてそうであればよいが、現実の厳しさはハッピーエンドからは遠いところにあり、現代でも開発途上の諸国などにおける貧困の故の子どもの間引きが実際に行なわれているとのニュースは、痛ましい限りである。嫁入りにかかる費用が多大に過ぎて経済を圧迫することから、将来を予想して女児を間引くのだそうである。

「棄」の古字に「弁」という文字がある。

と、両手で赤子を始末している生々しい文字である。赤ちゃんの首根っこにいままさに悪魔の手が伸びようとしている。「ああ」としか言いようのない文字である。

　こういう文字があるところをみると、殺すにしのびない親にかわって、「棄婆（きば）」のような、カゲの仕置人がいたことを思わせる。いや、実際に存在した。

　掻爬して掻き出した肉片を生ゴミ扱いで処理していた産婦人科病院があったという。中にはもうすでに目鼻だちも整った胎児もいたにちがいない。まさに現代の棄婆である。これはおそらく氷山の一角であろう。下半身のみが発達した動物人間の激増で、その処理のお助けマンを演じて稼いでいたのだろうが、語るにも腹立たしい事件であった。

　こういう展開をしていることは、筆者にとっても無念である。望まれて生まれ出（い）でることのない子どもの哀れさに無情、そして無常を覚える。

ところが嬉しいことに、明るく爽やかな文字があった。「育」である。

　今日の文字感覚では、

だが、そもそもは、

で、「棄」と同様の造字法に見えながら、逆子として示されたは、生まれおちてまだ自らの力で立てない赤ちゃんのひ弱さと、それをいとしく見護る母（女）との宿命の出会いを象っている文字である。ずばり産児の造形であり、産む・はぐくむ・そだてると、女性の生涯の喜びがこめられた文字として数多くの象形が刻まれている。どうかじっくりと味わっていただきたい。

どの文字にも「育」の下部「月」が見えないことに疑問をもつ読者がおられると思うが、「月」ではなく「肉ヅキ」であり、「女」の形象がそのことを示していると理解していただければよい。

右形象には古代同字「毓・后」も含めておいた。

ことに、そだてる・やしなうなどの意味では「保」ともきわめて近い関係にある。「保育」という語がそのことを物語っている。(「字」の章参照)

女は子を産むだけではない。立派にこれを育て上げなければならない実にシンドイ仕事が待っている。それを自分の命にかえてでも成し遂げることが「育」に含められた深い意味である。

これに、おしえるの意「教」が加わって教え育むの「教育」となったものだが、昨今どうも教育現場が騒々しくて、人づくりの大道が揺れている。さらに、子殺しの悲惨な事件が頻発するとあって、いったいぜんたいどうなってしまったのかと長嘆息を禁じえない。

残酷とエロスに終始していては読者の肩が張る。刊行直前になって、ホッと一息入れてほしいと、あえて「育について考える」を付け加えた。ささやかな筆者からの女性応援歌のつもりだが。

第十六章　「也」について考える

古代中国の刑罰には、

死刑　宮刑　刖刑　劓刑　黥刑

の五刑があったと言われる。死刑には腰斬（胴体を切断する）、棄市（首を打ち落とす）の二種があって、衆の面前で執行されるという凄惨を極めたものだった。そのままほったらかしにされることから棄市の名がある。宮刑は、男は男根を断ち落とされる刑で、つまり去勢されてしまうわけだが、斬る、縛るなど幾通りもの方法があったらしい。女への宮刑とはどんなものだったかがあまりはっきりしない。刖刑は脚を切断すること、劓刑は鼻を削ぎ落とすこと、黥刑は入れ墨をすることと、それぞれ罪の軽重によってどれかに当てはめられ執行された。後年、死刑の代替刑として宮刑が採用されていた例が多くなっている。司馬遷もその一人で死刑の宣告を受けながら実際には宮刑で一命だけは助かっている。こうした肉を切り刻む「肉刑」は次第に廃止の方向に向き、労務刑や科料刑に移行していくようだが、それは今日の刑法にも深く関わっているようにみえる。

女の宮刑は幽閉囚禁となっているのであるが、その意味をどう解するかで古来から意見が分かれているようである。文字どおりにただ単に閉じこめられているというのであれば、たとえそれが生涯刑であったとしても、男の男根切除に比べて余りにもバランスが悪いばかりか、刑の内容が男女で二分していて理解が達しない。男に対してはその生殖器に向けられている肉刑である以上、女にも同様でなければスッキリしない。椓竅（たくぎょう）と称して胸や腹をたたいて女の生殖機能を果てさせるという説もあるが、それもあったかもしれないことを踏まえつつ、子宮、卵巣の除去、あるいは外陰部の切除のようなモノスゴイことをやってのけたのではないかと推理する。宮刑によってしばしばその命を縮めたとあるから、衛生の行き届かなかった時代のこと、ことに体内に内包する女性器への戒めは男に比べて、より残酷な結果となったかもしれない。男根除去は刀で一刀両断ということもあったかもしれないが、それでは苦痛が軽いとして、男根をきつく縛って、時間をかけて苦痛の極を味あわせ、その機能を閉じさせるという方法が採られたのではないかと考える。宮刑の名を別名腐刑（ふけい）というが、これは男に対する肉刑で、宮刑は本来女に対する肉刑の呼称ではなかったかと考える。子宮の「宮」が大きく関わっているような気がしてならない。何か器具を用いたか、手で行なったか、まさに剔（えぐ）り出すという方法ではなかったろうか。

「也」は説文では女陰を象った文字であると解かれている。

也はまた「匜」（ひさげ）の原字だとして、ひさげの形がいかにも女陰の形に似ていることから、

と、両者同字を解いているが、この他に用例が見当らないため、説文著者許慎の連想をたくましくさせた産物ではないかとの印象をもつ。

「也」⇅「它」と可逆反応を示す異体関係（「陀」の異体字「陁」「阤」のように）にある両字から探ってみると、

と、「也」とほぼ同形を示しながらも、いずれも蛇あるいはくねくねと曲がっている様や連なっている様などの意味が先行していて、「也」との関係がはっきりと見えてこない。もちろん「它」に女陰に関わる用例はない。

「牡・牝」はすでに述べたが、両者がまるで合体したような

の文字がある。この象形はまさにまぐわいを表しているように見えるが、実際にこれに相当する文字はなく、「牝」の象形の一つだと解説している人もいる。

「牡」の「土」が男性器を象徴している形

だという説をそのまま受け取れば、「地」は「土＋也」でずばり男根と女陰を並べた形となる。

と、男がすっくと立っていて「也」が並列しているから、あながち的はずれではないかもしれない。

「天」が

と、人の象形であり、「天・地」ともに人を象っているとすれば、陰陽道にも通じ、素直に落ち着く。

大地の恵みに対する祈りは最も原初的な祈願形態であり、そこに男女の神聖な交わりと子孫繁栄への願いをこめる行為は、諸国の祭りの根源となっているもので、かなりきわどい仕種の舞が演じられていることは周知である。実りある収穫を神に感謝しながら、人間社会の恒久的安寧を祈願する、それが祭りである。祭礼儀式はうまくデフォルメされているから気付かないで見過ごしているかもしれないが、祭礼具の一つ一つに、舞の手の動きに、そして、かけ声のルーツを子細にたどっていけば、性のパラダイスであることがはっきりとわかる。奈良県明日香村に鎮座されている飛鳥坐(あすかにいます)神社の祭礼、おんだ祭りには色濃くその名残りをとどめているが、中国古代社会のそれらはもっと直截的な表現であったろうことが容易に推測できる。

「地」字の解きあかしが地鎮祭をなぜ行なうのかの説明にもつながってきて、単なる慣習的ムダごとでないとわかれば、そこに建てた新居はまさに夫婦和合の屈強の城となるはずである。

第十七章

「若」について考える

魏志倭人伝によれば、日本列島には邪馬台国という国があって、それを統御していたのは卑弥呼と名乗る女性であったという。卑弥呼は天照大神である、いや神功皇后だ、倭迹迹日百襲姫(やまとととひももそひめ)だなどと特定の人物に比定して論争がはなばなしい。彼女は女巫、すなわちシャーマンとして君臨していたらしいことが記されている。このことについては、史家はいずれも日本の古代社会においてそういう形態があったことをそのまま認める立場で臨んでいる。卑弥呼＝シャーマンの印象が濃いためか、一般にシャーマンといえば女性だと思いがちであるが、別に女性に限ったわけではなく、男巫の存在もあった。神の怒りを鎮め、神の呪を伝え、未来を予見するシャーマンは、部族の盛衰を司る祭主でもあるから、多くの人の尊敬を集め、その言は神のことばとして絶対視されたものだった。部族間の争いにも武器を持ち先頭を切って戦うこともあったろうから、部族の長としての立場に立つものであった。

ただ座して神の言を伝達したり、雨乞いの司祭をつとめたりしている女巫では、部族全体を束ねるというつとめは果たせそうもなく、シャーマンであり部族の長でもあったのは、男巫の役であったとみるほうが素直に理解がとどく。たまたま邪馬台国には女巫卑弥呼が幅を効かせていたということが珍奇なこととして目に映ったのではなかろうか。卑弥呼そして後の壱与の記載の仕方が意外にドキュメント方式であることに、そんな感想をもっている。

今日の濫立する新興宗教の発端は、そのほとんどがシャーマニズム的な加持祈祷を出発点としたものであった。戦後間もなく「踊る宗教」が流行を見せ、踊り狂いながら恍惚状態に入っていく光景が見られたが、原始の社会ではこういう姿はごく日常的なことではなかったかと推測する。オウム真理教の修業道場でのようすが何度も放映されたが、若い信者達のあの姿がまさにそれである。エクスタシー状態となってうらやましいばかりに没我の境地である。ことの是非はともかく信者が現代の超人と仰ぐ教祖が、実は最も古色なシャーマンを気取る人物であることを知らなさ過ぎるようだ。シャーマンはあの教祖のように長髪で常人とは異なる風体でなくてはならない。髪を振り乱して体全体で演技してみせなくてはならない。異形であればあるほどその効果が高いのである。

「兄」の甲骨文およびその解字をひもといてみると、

「口＋儿」で、上部は口の意、下部は人の意で、上に立って下の者（弟妹）の世話をやく人で「あに」、

また、上部は頭の大きいことを表していて、男きょうだいの大きい方を「あに」とするのだと書かれている。比較して大きい方だということから、比況の「況」を説明している例があるが、これらはかなり後世の解字法と思われ、原始的には「口」は神への祝呪を示す重要なカギをもち、男巫を表している文字ではないかと考える。周礼には男巫と女巫が別に存在していたことがみえ、それぞれの役柄があったようである。「祝」「呪」「兌」などは「あに」では説明がつかない。

例えば「兌」は、

「八＋口＋人」により、人が口を開けて笑い、よろこびを表すというが、もう少しつきつめれば、男巫が祈りに祈ってエクスタシーの状態に入っている姿であると考えたい。それは喜悦であり悦楽であり、解脱（げだつ）であり脱却であるとみる。

一方、女巫が恍惚の状態であることを示しているのが「若」であるとみる。

これは女巫が長い髪の毛を振り乱し、手をふりかざして憑依（ひょうい）している姿の象形である。現代にもこういう恰好で招霊の儀式を行なう女性の祈祷師がいる。

「若」は「叒」と同形の歩みをもっていると言われているが、むしろ、「叒」が「若」の原形ではないかと思わせる象形である。

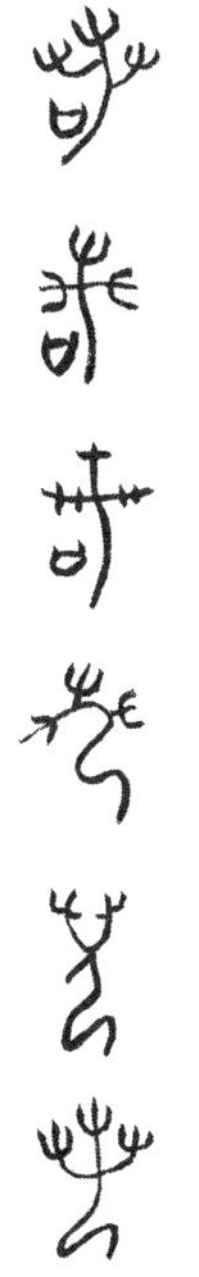

「叒」は後に木が付いて「桑」となるとするが、「桑」は甲骨文に、

と別体としてあり、桑は若木なりと屈原の詩など持ち出して説明することには少々無理があるのかもしれない。

神意を司る女巫は未婚の「わかい」女であるから、女体の柔らかさをその象形の骨格としているが、「わかい」を表すのは同音の「弱」との関連から出ているように思えてならない。中国語では「わかい」の意は「弱」を用いるから、日本式解釈は慎むべきかもしれない。日本でも「弱年」「弱輩」などの用語がないわけでもない。

若い女が長い髪を梳いている象形だとする説もあるようだが、それでは「若」に「口」が付いている説明が成り立たない。「口」は呪符であり祝告であり、神託を享ける意である。やはり女巫の姿であるとみるのが自然のようだ。

恋することを知った乙女はだれかれなくこよなく美しい。体つきも一段としなやかになり、肌の色にも艶が増す。精神的な高揚がホルモンの分泌を促して、心身ともに絶頂期を迎える。そこにはもう少女の見せる生硬さはない。

「女」字の示すなよやかな形、そして「若」字が示す精神的なエクスタシーの状態は、ともに女性の本質を突いている。女性には女性自身が気付いていないだけで、誰にでもシャーマン的な要素が内包されているのである。

第十八章　「媒妁」について考える

結婚式や葬式はその時代をよく反映させているセレモニーだとつくづく思う。

筆者は青年期に僧侶の体験がありいくつかの葬儀をつとめたことがあるが、それは決して今日のようなショー化したプログラムではなく、死者を悼む、ただそのことのみに捧げられる合掌拝跪（はいき）のしめやかなものだった。読経の声をマイクで外の弔問者に聞かせるというセッティングは度し難い愚行だと思うが、昨今の僧侶たちは葬儀屋の言いなりでどうもこういうことには不感症らしい。葬儀屋の熾烈な商売合戦でこれでもかそれでもかとアイディアを詰め込んで、何もわからない喪主がうろたえてただそれに従っている。

一人の僧侶が午前中は真言宗の法衣を着け、午後は日蓮宗の坊主になりすましているという信じられないような光景を実際に見たことがある。どの宗派にも属さない単立寺院を申請して宗教法人の認可をとり、つまりそういうことのために金儲けをしている坊主なのである。葬儀屋と連携すればおもしろいように金が転がり込んでくる。宗派を二またにかけていることに驚いていたら、四宗派にまたがる資格保持者であることを名刺に刷り込んで葬儀屋めぐりをしている剛の者もいると、葬祭業を営む某人から聞いたことがある。檀家などといったシチ面倒なものは不要で、一応寺らしい構えさえ建てておけばよく、ローンぐらいすぐに返済できる。法人申請の書類など何とでもなるらしく、全国にはこの種の葬式専門請負坊主がかなりいるような気配である。

のっけから変な方向に走ってしまったようで、葬式ではなく結婚式のことを話すつもりが、つい昔とったきねづかの方が先行してしまった。

そういえば結婚式の過熱ぶりも尋常ではない。新郎新婦とは何のことはないコンベアに載せられた製品と同じで、業者のプランニング通りに動かされているロボットのようなものである。当事者両人の主体性のなさにも呆れるが、親や親戚一統の世間体を気にする思惑をうまく抱き込んで実に見事な演出をする。セレモニーの華やかさに比べて、仲人の旧態依然とした紋切型が何となく気にかかる。もう少し洒落た工夫があってもよさそうなものだが、マニュアル通りにこなすことが精一杯の様子で、ここばかりは江戸時代からのスタイルをそのまま踏襲しているかっこうである。

ところが最近、場の雰囲気や参会者の顔ぶれなどを機敏に察知して、プロ的に仲人役をこなす職業があるらしい。どんなケースにでも見事に対応してくれるらしい。当事者にとってはその場限りの契約料で済むことであるから、いわゆる後腐れがなくすっきりとしていて結局は安上がりだそうである。

参会者もアルバイトで両家の員数合わせができるようになっている。そういう斡旋業者がちゃんといるというのだから驚く。このアルバイトは、美味いものを食って、短時間で、しかもお手当てが破格だということで隠れた人気業種だそうである。

そんなことまでして行なう結婚式とはいったい何だろうと理解し兼ねるが、厳然たる事実として需要と供給が成り立っているそうであるから、一概に業者のエスカレートだけを責めるわけにもいかない。

仲人はニセ者、坊主はエセと、時代はたしかに進歩している。なーに、それらしい形さえ踏んでおけばそれでいいのさ、堅苦しいことは言いっこなし、とまぁそんなところらしい。

仲人は「媒妁人」、「媒酌人」とも書く。文字の上からたどってみると、女ヘンはすでに解説済みのように文字を体系化していくために付けられたもので、要点は「某」にある。「槑」とも書き「梅」の本字だというがその使用例はなく、この通説には疑問符が付く。一説に「謀」に通ずるとあり、むしろこっちの方が原義をとどめているようである。「某」は現行「甘＋木」となっているが、文字生成の歩みからみれば「曰＋木」が正しいようだ。謀とは今日では何か悪いことを企んでいるような印象が濃いが、神に謀(はか)る、神託を享けるが本義で、神に謀るべき祝詞の奏文を樹上に奉って一心に祈るのである。「曰」とはその奏文を表している部分である。

それがつまり「某」だと考えればよい。女ヘンが付いて、この男女は夫婦として可なるや不可なるやを神からお許しを乞うとの意に発展したと考えれば落ち着く。

「禖」には、どうか子どもが授かりますようにと神に祈る意味がある。つまり「某」には神のお許らいを仰ぐとの意義が大きい。そして、「腜」は「はらむ」の意をもち、きわめて「胎」に近い。

しかし一般的には、梅はたわわにたくさんの実をつけるから、子だくさんで一家繁栄の縁を結ぶ役柄を負うとして「媒」なのだとの通説の方が用いられている。

「妁」の「勺」は、お神酒を酌み交わして祝告することから合わせ用いられたもので、男女の仲をうまく酌みとって結びつける杓だということであろう。

仲人といえば夫婦揃って当たるのが通例であるから、媒妁人ご夫妻と一括して呼ばれるが、中国には、媒人（男の仲人）、媒婆・媒婦・媒姥（女の仲人）などのことばがある。媒氏と称する結婚式に立ち合う官人の役があったことも記録されているが、さしずめ、現代の日本式に当てはめれば、神式ならば神主、教会式であれば牧師、そしてその例は少ないようだが寺院式であれば僧侶がこれに該当しているようである。

ことばとしての出来具合からみても、酸いも甘いもかみ分けた女性が、両家をさかんに往復してとりもち、性知識に疎い娘に結婚とは何たるかをこんこんと伝授したものだろう。日本では嫁入り道具の中にそっと枕絵をしのばせたという母親の話が伝わっているが、もともとこれは媒妁人の役目だった。いくら我が娘とはいえ、お床入りの仕儀次第までは話しにくかろう。媒妁人とはそういうつとめが果たせるばかりでなく、挙式後のアフターケアーもきちんとこなせる人でなくてはならなかったのである。もっとも現代では要らぬお世話ということになるが……。

第十九章　「毒」について考える

女が最も美しく見えるのは喪服を身につけた時だという。夫に先立たれて悲嘆の極にうちひしがれた身を黒一色の喪服に包んで、通夜や葬儀の客に一礼を交わしている夫人の姿は確かに美しい。美しすぎるといってもよい。華美な髪型でもなく、化粧はうっすらと淡い。ルージュも控え目である。半襟の純白が一層くっきりと浮き立つ黒装束のみで装飾性はほとんどない。それであのゾクッとするような美しさはいったい何なのだろう。同情や不憫といった特別な感情を交えて言うのではない。

不謹慎だとお叱りを受けそうだが、尼僧か喪服の女を一夜妻にしてみたいとある男が言ったとか言わぬとか、理性などという邪魔なものさえなければ、男たる者、一様に抱いている願望かもしれない。

女性達よ、ここで怒ってはならない。

男の審美眼なるものはきわめてデリケートで屈折しているものなのである。だからといって尼僧を追っかけまわしたり、葬儀場をうろついている男がいるわけでもない。あくまで男の内的な精神構造を言っているだけのことで、そういう意味では、本来的に品行方正な男などは皆無だということである。恋人や妻のあるなしとはまったく別の次元のことである。

さて「毎」という字、本字では「毐」で、

草が茂っている様子を表した文字だとして「繁」を引き出してくるのが通例のようであり、確かに説文にもそのように書かれているが、それでは「毎」を含む文字「敏・誨・悔」などへの風通しがあまりよくない。「母」がある以上、母それ自体か、女性に関する文字であることは明らかである。象形にもそれははっきりと出ている。頭部が三つに分かれいるのは、髪を飾っておめかしをしている女性の姿であり、神を祀るための盛装であったとみる。

宗廟を守ることは主として女性の役目で、祭日ともなれば入念に化粧を施し髪を飾り立てて宗廟にぬかずく。ふだんはいっさい化粧はせず素肌、素顔のままというのが古代女性の毎日の過ごし方だった。「毎」には「いそしむ」の読みがあり、正装をこらして神に給仕することが「敏」である。「敏」は「毎」に手をそえている形で、

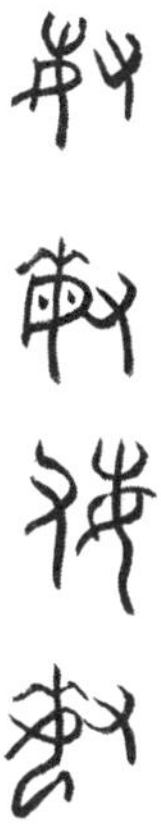

従って、「毎」と「敏」とはほぼ同義とみてよい。髪を飾り、文身を凝らせば凝らすほど常の「人」ではなくなり、そういう仮面を付けることで人間としての生臭さを隠したのだという考え方は、今日でもなお神事に面を付ける伝統行事が多いことでも理解し得る。化粧とは仮面を付けることであるとの短絡でもよい、日常ではないところがミソなのである。

宗廟への祈りを捧げるときには思いっきり美を凝らす。綾を飾って祈る。それが「繁」である。すなわち「敏」に「糸」と明解な合字となっている。中には化粧や結髪の度が過ぎて、虚心な祈りの心を失するような女性もいたに違いない。そういう厚化粧を「毒」というのである。

毒々しいほどに過ぎた髪型、虚飾へのいましめのことばである。死に至らしめる毒物、毒薬という意味の「どく」は初義の中にはみえない。毒の下部は「母」ではなく「毋　〜なかれ」で、

女が犯されることを拒絶していることを表している。三字目の小篆が示している横画「一」は数値の一ではなく、硬く門を閉ざして侵入を拒む「かんぬき」としての一であり、従って毒には強い拒否、禁止の意が深い。

まだいたいけな少女を犯す事件が後を絶たない。屈強な大人の男の前に少女にどんな自己防衛の手

立てがあったろう。胸いたむ話であるが、ふとよぎる素朴な疑問は、十歳そこその少女の発育状態で性的交渉が可能かどうかである。話の推移の上からこういう問題を持ち出すことは不謹慎だとのお叱りを受けるかもしれないが、特定の一少女をあげて言うつもりは全くなく、あくまで一般論としてであることを特に断っておきたい。某医師の言によれば、個人的な生長差はあるが、一般論としてなら可であるとのことである。

東南アジアの貧しい生活を強いられている国の住民達は、生活維持のために十歳にも満たない娘の体を金に替えるという。買春ツアーで繰り込んだ日本の男の好色の餌食になった少女達がかなりたくさんいるはずである。少女達の固い体を無理矢理開かせる男達の行為は、悪鬼、悪魔の所業という他はない。児童に対する性的虐待につながる犯罪に等しい肉欲行為でありながら一片の反省もないばかりか、施しをしてやってるつもりでいるのだから、実に憎むべき許しがたい行為である。

近年とみに幼女に対する猥褻（わいせつ）行為がエスカレートしている。抵抗すればば殺傷してはばからない残虐非道に対して、どういうわけか裁きが甘い。少女のスカートの中を隠し撮りするような卑劣下劣な犯罪も、迷惑防止条令などという、曖昧な罪状で処理されている。世の女性たちの代弁のつもりで、斯かる犯罪は厳罰で臨むべしを、声を大にして叫んでおこう。

ついでに、報道関係の文字では「猥褻」はすべて「わいせつ」と仮名書きに改められている。常用漢字外の文字だからだというのであろうが、筆者がやや堅苦しい性格なのか、この手の改変はどうもいただけない。こういう文字はその犯罪者にどっかりと被せてやればよい。

「猥」とは、「畏」を「鬼＋卜」と解字して、

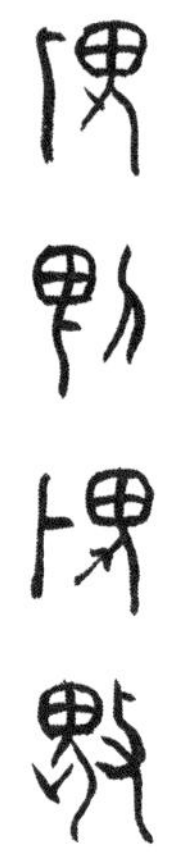

恐ろしく人にはあらざるものを鬼とし、鞭のようなものを持っているとしている文字である。さらにケモノヘンが付いて、犬畜生にも劣る行為を指してその恐ろしさを表している。

「褻」は甲骨にはないが金文に、

とあって、普段着のままで何か手に棒（若木）を持って、けがらわしい・あなどる・なれもてあそぶ等の行動をしていることを表している文字である。「褻器」といえば、おまるのことをいうことばであることを重ね合わせれば、この「猥褻」なる熟語はなかなかのものといってもよい。羞かしげもなく、慎みもなく、こういう行為に及ぶやからを次のように古代人は表した。

「毒」と類似した文字で「毐（アイ）」

がある。「みだら・ふしだら」などの意があり実は毒と同字だとする説もあるが、筆者はこれを採らない。上部が「士」であることから、節操のない男を指している文字だとして、女性を示す「毒」と

区別したものとの解釈に立つ。

第二十章 「乳」について考える

薬の調合に用いる分厚いすり鉢型の白い器を乳鉢というのはなぜだろうと、ある時ふっと考えたことがある。何となくの疑問であったのでそのままに過ごしていたが、中国の代表的な艶冶小説「金瓶梅」を読み直していて、以前読み過ごしたままだった部分に目が止まった。漢方薬を服する時、それをお乳で溶かして飲むのがいちばんだというくだりがあって、はたと小膝をうった。

白い乳色をしているから乳鉢という名が付けられていることも、それはそれで納得の線だが、それだけのことなら、白いものにもっと乳の付く命名法があってもよく、わざわざ薬に関連するものに乳を配したのは、中国人の知恵の所産だと考えるのもあながち飛躍とばかりは言えないぞと考えるようになった。

ドンファン豪商西門慶が、女性にお乳をしぼってもらって強精剤を飲む場面が出てくる。現代の漢方薬はすぐに服用できるように粉状か顆粒状、丸薬のようにして、すでに加工された形で市販されているが古くはそうではなかった。何種類もの薬草を混合調剤して、それを磨り潰すかまたは煎じて飲むのが服用法だった。煎じるほどの分量のお乳をしぼり出してもらうのは容易ではない。そこで、乳鉢で粉状にした薬を溶かすために、器ごと女に渡してお乳を注ぎ込んでもらう、それを乳棒で攪拌してグイッとあおる、とまぁ、そんな図を想像すると何だか妙な気分である。現代は薬は水または白湯で飲むことが常識とされているが、この論法でいけば、牛乳で飲むのもよろしいということになる。よろしいどころか、なおなおよろしいわけだが、牛乳では日常茶飯の所作でおよそエロスは感じられない。やはりここは女性のお乳に限る。オッパイは赤ちゃんの生命の源、栄養的にも衛生的にも理想的な無菌の源水であるから、ひょっとしたらこれがベストなのかもしれない。

おしゃべりついでに、

一般にお経と称するありがたきものの中に、随分とあやしげな譌経（ぎぎょう）が混在する。もちろん漢字ばかりで書かれているから一見お経そのものに見えるが、味読してみると、あたりを憚るような男女交接の描写が蜿々と連なっている。おそらくインドのカーマスートラの影響が濃いものと推測するが、宗教の根源的な追求のなかに「性・性愛・性技」は重要なポイントが占められているから、仏教だけのことではなくいずれの宗教にも悟道奥義（おうぎ）の中に組み込まれている。血のイニシエィションと呼ぶ儀式も究極のところそこにある。乱交のセレモニーはその快楽のなかにいつしか「神」との交合である高まりへと昇華していくのである。神々との交信は「性」をもって尊しとするのである。こうした原始宗教のもつ生々しさを呪禁することで、近代宗教は一応の市民権を得ているという見方も成り立つ。
脱線もほどほどにしておかなくては諸氏のお目玉を頂戴しそうである。そう、本線は「乳」であった。「乳」は「爪+子+乙」で、

赤ちゃんをそっと手（爪の形がそれに当たる）で包むようにして抱きお乳を飲ませている形に象られている。「乙」は「つばめ」の意が原義だが、乙女、乙姫などのことばにも見られるように、小さい、愛らしい、柔らかい等にも通じている。合わせて乳房の形だとも言われ、だっこして授乳の形と見ることで落ち着く。

「乳」を「爪+孔」と解き、その音「ジュ」から「出」を原義とする文字だとして、自然分娩で生み出されてきた子どもを受け止めていることを示しているのだとの説がある。しかし「孔」は、

と書き残されていて、「孔→あな」の意はどこにも出てこない。百歩譲ったとしても、それでは「孔」の意があまりにもあからさまで解字法としては汚らしく、ここでは採らない。加えて、「孚」は、

と古形に残されていることと「乳」の原形でもあると考えられることから、いとおしく抱っこしている文字だとしておきたい。

中国語では、乳の文字は使わず「奶」を用いるが、「乃」の部分は、

まだ目鼻だちも決まらず、母体の中でその身を屈めている胎児の状態を示している。骨の形成もないころの胎児と考えてよい。ぐにゃぐにゃ、ふにゃふにゃの状態である。そのやわらかさが「朶」に残っている。耳たぶのことを「耳朶」というのがその例である。

「乃」はまた「孕」の原字でもある。

すっぽりと母体の中に包まれた赤ちゃんの安らぎがみえる。「身」が妊婦のスタイルを映した文字であるなら、こちらは具体的にその内容を示している文字だということになる。「はらむ」とはあまり語感がよくないが、「孕乳（ようにゅう）」「孕婦（ようふ）」ということばがあって、いずれも子を孕んで産むことを表している。

「包」には右と同様の意があり、「巳」は、

と、胎児の形がより具象的である。「勹」が「つつむ」の意をもっている部分で、

子宮の中にすっぽりと包み込まれて赤ちゃんが育っていくことを示している文字である。現行文字では「巳」が「己」になっているため右の解字ができない欠点をもつ。それをさらに具体的に肉ヅキをつけて「胞」で表し、「抱」は生まれた赤ちゃんを愛しみ包むようにだっこしていることを表している。「包」を含む文字は多いが、今日的字義は多角的転義の結果で、すべては右から出ている。「庖・包・砲・炮（皰）・鉋・鮑」等、それぞれ検討材料とされるがよい。活字で今一度確かめていただきたい。常用漢字では「己」で常用漢字外では「巳」となっていることを。

女性の整形美容が大はやりだが、バストの小さい女性はシリコンを入れて膨らませるという。大きくてプリンプリンとさえしておればいいというものではない。男に媚びる手段としてならやめておきなさいと敢えて忠告しておきたい。将来赤ちゃんを産み育てる時の「乳―おちち」の重要性を第一と考えるべきであろう。理屈はともかく何が何でもスタイル第一主義に徹するのだというのなら、勝手にせぇと言う他ない。

「乳」字そのものは、赤ちゃんを授乳、保育する象形に終始するもので、バストの豊かさを誇示する現代女性の女体美学視点はまったく無であることをもう一度付け加えておく。そのことだけを言うなら「姫」字に帰一する。

第二十一章　「俳」について考える

余技的に俳句と付き合って久しいが、周辺を見回してみると、俳人と称する人の物識りぶりには驚くばかりである。歳時記のすみからすみまで知悉していて、天文、気象、人事、生物等々、森羅万象知らざるはなしの博識ぶりである。

一句生成のために巧みに季語を取り入れる作業が行なわれる。指導者は自然と真っ正面から対峙せよと説く。いわば、自然の恩恵を受けながら俳句という文芸が成立しているといってもよいが、自然環境の破壊、地球規模による環境保全の急務がこんなに叫ばれている時代に、俳句界全体のレベルでこれを社会的な運動にまで盛り上げようとする気配は見えない。俳人が寄り集まって何かスローガンを掲げたとしても、実際上破壊防止に何ら与みすることは期待できないかもしれないが、民意を高め理解を促すことには大いに意義がある。

絶滅に近い生物の現状だけを受け止め、これはもう今日的には死語に近いとでも言って歳時記から除外していくことでよしとしているのか、自らの無関心が絶滅種を増やしていることに間接的関与となっている大事として受け止めるか、要は考え方の基本的な姿勢に関わることである。平らな言い方をすれば、俳人は自然のお世話になっているのであるから、もっと真剣に自然のことを考えましょうと言っているのであって、大げさな言い方に直せば、原罪意識の在り処(ありか)をたずねると言い換えてもよい。

古代人は、原因も結果も、もろともに神のみ心であるとした。ただひたすらに祈り、詫び、敬礼を繰り返すのである。神前での舞踊はそのことのみにあった。

「俳」とは、人に非らざる恰好で神の前に舞い歌い、滑稽を演じて神の憂いをなぐさめることに専心する、神と人との間を結ぶ道化師のことである。「俳」の「非」の部分は、

両者が互いに背を向け合った状態の象形で、後に「そむく」の意を導きだすが、初義は神の前に立つ時の人は、常の人ではないということを表している。「亻」が付いたのはもちろん意味の強化で職業的分化のあらわれである。

「俳」とは言葉をもって神を楽しませ、おどけを演じることが役どころであった。「俳児」「俳倡」「俳優」などの語はそうした役柄の者を表しているが、現代語としては「俳優」のみが認知を受けて

いる感があると共に、原義の方は全く失せアーティストの域まで高まり、人も羨む特別な存在となっている。演技をする時には常の人ではないということでは、本来の意義は誤ってはいないと見ることができよう。

天の岩戸の前で天鈿女命（あまのうずめのみこと）が乱舞したさまは、まさにこの「俳優」を表している。俳諧を原初的な字義通りに訳せば、神を楽しませるための滑稽の句ということになり、実にその通りに、諧謔、ユーモア、風刺、揶揄をもって他を楽しませ自らも楽しむ文芸となった。現代の俳句芸術論展開とはまた別の問題である。

「俳優」は男の役目であったか女の役目であったかは意見の分かれるところだが、「非」を含む文字で「婓」またはその異体字で「婔」が女のせむしだとする解字の例があるところから、「俳」は男であったと見ている。

そういえば、王侯貴族の下僕としてせむしの侏儒（しゅじゅ）が道化役を演じていることがあることに思いいたる。今日的に言うなら気の毒な障害者だが、古代人は「人に非らざる」として決め付け、弄（もてあそ）びの具として晒し者にしたのであるから、残酷という他はない。

神の前で「俳」が口上を述べながら「婓」をいざない、生殖の儀式をデフォルメ化して演じたのではないか、ことさらに滑稽、おどけと化したのには、性の神秘に対する厳粛な祈りの心と、子孫繁栄を願うテッペンまじめの真実の裏返しではなかったろうかと考えている。後代日本でも、おかめとひょっとこの舞にその名残をとどめている部分がないわけではなく、仮面をつけることでその生々しさを緩和させているのだろうと見ている。

「人に非らざる」→「俳」の「非らざる」とは、人の外貌を指しているのか、内面的な精神上の分別であるかが永らくの疑問であった。まさか傴僂の侏儒であるとは露ほどにも考えていなかった。

王侯貴族たちは客人の饗応に「俳」と「婓」を登場させ、性行為を演じさせたのである。最高級のもてなしとはそういうことであった。人に非らざるのレッテルを貼られた男女が、衆前で人に非らざる行為を強要され、痛哭の涙をのんで演じたであろうことに思いをいたす時、歴史の無慚に胸をかきむしられる心地がする。

古代中国ばかりの話ではない。西洋史の中にも散見する。卑近な例として、北朝鮮の〇〇組と称する美女達の飼い馴らし方は、まろうどに生身の女を提供することを目的としたもので、はだか同然の女身を踊りくねらせて誰かがにやついて眺め楽しんでいるなどという程度のものではない。情けないことに日本の商取引の中にも使われている手段である。

「婓」字を見出だしたことで「俳」の成立が解明できたことは嬉しいが、この文字に関しては不明のままで過ごしている方がよかったと思わないでもない。

ところで、女ヘンの付く文字は「亻」で総括されていた文字群の中で、特に女の領域に関わる内容を示す必要から次々と造字されていったのではないかと類推している。「俳」と「婓」のように「亻」は総じて人間全般、あるいは男に関する文字であったろうと考えている。

佝　背中の曲がった人、せむしの男　・　姁　せむしの女、老婆

伎　わざをたくみとする人、男・妓　うたいめ、あそびめ
任　になう、おとこだて・妊　はらむ、いだく
僑　たかい、でかせぎ人・嬌　なまめかしい、みめよい女

などの例を容易に拾い出せる。

現在でも、日常使っていることばの中で「――人」、たとえば俳人、歌人、詩人などと言うとき、何となく男のにおいが先に漂う。敢えて「女流」などと付け加えて弁別していることが多い。ここに切り込んでくる女性たちがあまり見受けられないことを不思議の一つに思っているが、どんなものだろう。

先程からちょっと気にかかりながら稿を進めていることがあるが、「せむし」は使用禁止のことばではないだろうかへの懸念がそれである。「せむしの仔馬」という名作童話があるが、もし「せむし」が差別用語であるなら、この作品名はどうなるのだろうかと心配している。「みにくいあひるの子」も行く末が案じられる。翻訳名を根底から替えよとのお達しとなる時がくるかもしれない。

冒頭で俳人は自然環境保全への活動を起こすべきではないかと述べたが、差別用語に対する問題提起に対しても、もっと真剣に取り組んでもよい。俳人の間でこの問題が取り沙汰される時には、現象面でのぼやきの域を出ず、お上のお達しなら仕方がないの程度で終わっている。ことばを操る芸に生きる者なら現状の曖昧さに対しては反逆あってしかるべきと思っているがどんなものだろう。

本稿で何度か「せむし」を用いたが、解説上やむなき次第であったと共に、歴史の無情さに怒りこ

そあれ、いささかも他意を含まない。全体を通じて咀嚼していただけるものと信じたい。

筆者が青少年の俳句と接して三十数年を経過しているが、ことにこの十年ばかりの傾向で、めだか・どじょう・たにし等が句の素材として謳われているケースが著しく減少していることに危惧をもっている。この歩みでいけば、いずれは、養殖ものとしてその名をとどめる程度のものになりかねないほどの自然破壊が進んでいることに怯えを感じる。

マンモスの骨ばかりでなく脳の組織までが発掘されたという。クローンマンモスの実験も囁かれている昨今、生命体の神秘が、猛烈な勢いで解明という名においてあからさまにされようとしていることに、こういうことが進歩、発展なのかと、正直な印象として「やめてくだされ」を絶叫するしかない自分をもどかしく思う。

「俳」にはあまりにも哀れな歴史の展開があることに、胸が悼む。いや、ここにも現代の医学のメスが入ろうとしているのだ。なぜ小人が生まれるのか、の研究である。

どうかやめてくだされ、と絶叫する。絶叫するしかない自分を情けなく思う。

第二十二章 「愛」について考える

前稿で「俳優」を論じたが、「俳」から「優」に転じることで「愛」へのいざないが始まる。

「優」の「憂」はその初義から今日同様に「うれい」である。「寡」ときわめて近い間柄にあり、夫に先立たれうれいにうちひしがれた女の姿を象る「寡」に、その心情的な苦しみを「心」で表し付け加えた文字が「憂」である。

心の奥底に「うれい」が生じた時、人は懸命に神に祈り神に語りかける。「うれ」は「熟れ」とも「嬉し」ともなり「うら」と転じて「裏・恨・怨」ともなる。これらすべて人の相である。そのさまざまな心を悲、喜劇的に演じてみせるのも「優」の技であった。こうした優の行為は神に向けてなさ

れる。これが人に向けられる時「愛」という。愛とは心の襞を示すことばであり行為であるから、多様な意義を生ずる。

愛は「㤅」を原字とする文字で、「旡」は食事が終って満腹になった腹を撫でながら、のけぞるようにしてほっと息をついている姿の象形で、「既・概・慨」などに満杯の字義をとどめている。

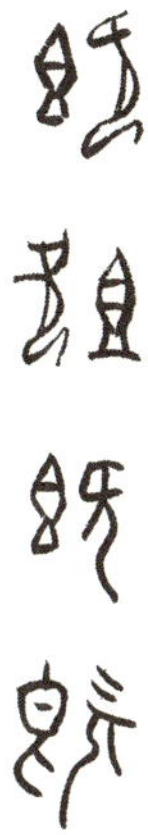

「既」の左部「皀」の象形はすなわちごちそうで、「食った食った！」とばかりもう見向きもしないことから、「すでに、つくす」などの義が生じ、「まとめ、あらまし」といっぱいの様子を概要、概略などという。嘆きや悲しみの思いが胸いっぱいになって慨嘆というように、「旡」には「むねつまるおもい」の義がデンと座っていて、それに心をつけて「あいする・いつくしむ・めでる・おしむ・かなし」の心情を「㤅→愛」で表している。

「愛」が用いられていることばの一つに「割愛」があるが、「愛をたちきる心」「愛を分け与える心」の本来義は失せ、「惜しみながら手放す」のみが敷衍（ふえん）しているようである。忍びがたい思いの削除というぎりぎりの選択を迫られているわけだが、今日一般的には面倒でもあるから都合によってカットするといった程度での用法になっていることが多い。もし割愛を余儀なくするときには、その思いと

同等のことを述べる必要に迫られている内容が次に開陳されるものでなくてはならないはずだが、「これ以上長くなってはご迷惑と存じますので、以下は割愛させていただきます」風が話しことばにも書きことばにもまかり通っている。某国語学者の現代語の乱れを嘆く話の中にも、カット方式の意味での「割愛」が使われていたことがあり、なるほど、これが現代なんだと納得したことがある。また、「曖昧」にも「愛」が用いられているが、「旡」の中に「はっきりしないこと」の意があることから当てられたものと思われる。

日本人はいったい何を考えているのかわからないとの欧米人の批判をよく耳にするが、こればかりは何と言われようと民族の意識の違いという他はない。近頃ははっきりと物言う若者が多くなってきたとはいえ、まだまだ遠いようである。「笑ってごまかす」日本人はさぞ不気味であるに違いない。

恋愛中の二人には周囲の何物も目に入らない。「こいしたう」気持ちがいっぱいであるからである。

人生にただ一度心が飽和状態になっている至福の時である。だから、相手に向けてのみ発せられている純粋な思い「いとしむ」が裏切られた時の失意の大きさはときには「怨」にも転ずる。恋の破局が痛ましい事件に発展する例を見聞きするにつけ、愛することの憂いの深さを痛感する。

夫婦の愛は互いに演技することによって平衡を保つものだと評論家先生はおっしゃるが、まさか恋愛中の二人には「俳優」のごとく演技しろとは言えない。もっとも考えようによっては、ひとつことに夢中で、いとしくもかなしいドラマの主人公ではあるのだが。

愛という文字それ自体には艶っぽい内容をとどめるものはない。「かなし」の読みで受け止めた時、汲めども尽きない永遠の文学テーマとなって、古今、愛の相克が繰り返されてきたといえよう。

第二十三章 「妖」について考える

妖怪といえば西遊記に登場する妖怪変化(へんげ)を思い起こす。日本にはこの種の妖怪はほとんど出てくることはなく、敢えてそれに当たるものといえばせいぜい、ロクロ首、からかさお化け、一つ目小僧、生首お化けと、どことなくユーモラスな他愛ないものばかりで迫力のないことおびただしい。スケールの点では太刀打ちできないひ弱なお化けばかりで、日本人のひと夏のスリルは子どもだまし程度で終っている。妖術を用いて人間界を根底から揺すぶるという発想はどうやら日本では育たなかったらしい。忍術のからくりがないこともないが、これとてもタカのしれたもので背筋を凍らせる前にお腹の筋肉の方が大ゆれしている。

かつて、妖怪人間と題したマンガが放映されていたことがあった。ベラ、ベム、ベロの三人が大活躍するストーリーだったが、彼ら、なかなかにヒューマニズムに富み、ともすれば人間が忘れかけている愛と正義と真実のために身を挺してくれるありがたい妖怪人間で、いかにも日本的産物だった。日本人は徹底的な悪を演出することが不得手な民族らしく、そういう意味では「カワユイ」人間集団である。

文化大革命のころ、紅衛兵達は吊し上げにした人物に「妖怪」と大書したプラカードを首からぶら下げさせて、大衆の中で罵倒し、反省を求め、思想転向を強要した。四人組の追求もまさに大妖怪抹殺のシュプレヒコールだった。こういう「ものすごい」ことは日本人には絶対できない。贈収賄に関わった政治家に対する追求もいつとはなくうやむやで忘れられ、大統領経験者に対する極刑判決に対しても、韓国って凄いことをやるなぁの印象程度で、むしろ、憐憫（れんびん）の情すらちらつかせるあたり、日本人はことほど左様にアイマイである。

妖怪の二字ともに「あやしい」の訓をもつ。「怪」の方は、不思議なあやしさ、疑わしいあやしさ、けしからぬあやしさで、比較的その解はストレートに入ってくるが、「妖」の方は、なまめかしいあやしさ、あでやかなあやしさ、艶っぽいあやしさ、魔性のようなあやしさ等を意味して、どうも捉えようがない。つまり、アイマイきわまりないあやしさなのである。それを解くカギが「夭」にある。

夭に近い文字に「大」がある。

頭をかしげている姿は、神の前で舞い歌っていることを表している。「俳優」は神を楽しませる「わ

ざおぎ」であることは前章に書いたが、このこととほぼ同様の字義をもち、祝呪の「口」を加えることで「呉・娯・虞」などに、神を楽しませ、慰め、寧(やす)んずるための舞踊を演じたことを表す文字となっている。

呉

虞

「夭」とはその時の様態を示している文字で、

くねくねと身をくねらせながら若い女がエクスタシーの状態となって神と交歓している姿である。女ヘンが付いて「妖」とはまさにその文字で、説文に従えば、

で、「女＋芺」と解字されるが、「芺」とは髪を振り乱して若い女が乱舞していることを表している。また「芺」とは「笑」で、竹が風に揺れてさやさやとなびく様がちょうど人の笑いに似ているというのだが、どういうわけか説文には「笑」の項目はない。それでいて解説文の中には何度か笑の文字

が出ているというのは腑に落ちないが、許慎先生、上手の手から水が漏れたということなのかもしれない。そこで「咲」の代用となったが、これを「口＋芺」と解字する。だから「笑」と同字ということに落ち着けることになるのだが、まあ、花の咲いている様が破顔一笑に似ているというあたりらしい。

また「笑」は「竹＋犬」と解字し、「笑」の本字は「笑」とする説もある。「なく、なげく」の「哭」が犬であるから、その反意を示す笑も犬に従うとして、

というのだが、これでは神託をうかがう意の「祆」の説明がつかない。まさか犬を犠えとして神に奉るのだとは言えない。「夭」を含む文字「沃・妖・殀・訞」などはすべて若い巫女の姿の象形を原義にもつ文字で、当然「笑」もその範疇にあることはまちがいない。

妖艶ということばがあるが、そういう女性の容姿を文字で表現することはむずかしい。妖には、いわく言い難しのなまめきとあやしさがある。女形（おやま）がややそれに近い仕種を演じるが何となく型が目につく。能の単純な動きの中にちらっとのぞくような気もするがやはりそれでもない。むしろ、観音像の微かな笑みを含む表情となでやかな体の線にふと感じることがある。モナリザの微笑にもそれらしいあやしさを感ずるが、妖はあっても艶に欠けるような気がする。

女性は、時に憂愁にしずんだ中にほのかな笑みをうかべる表情をすることがある。ご本人がまった

く気付いていない本能的、本源的な女性特有の所作、表情で、こればかりは男性がいかに取り繕っても不可能な、体の内から発せられる発光体現象とでもいうべき不可思議なモノとしか言いようがなく、かてて加えて、優しく涼やかな声音が一体となったとき、男はゾクッとくる。魔性の妖しさに脳天からしびれるのである。もっとも、昨今の女性達は見事にご活発で……。このあとは触れないことにしておこう。

第二十四章　「姦」について考える

女三人寄ればかしましいと言う。そういえば、かしまし娘と名乗った漫才姉妹がいた。

　春の庭我が家の男父一人

と、愉快な俳句を詠んだ高校生がいた。聞けば三人姉妹だそうだ。ひとりだけ浮き上がっている父ちゃんの姿が見えるようである。

　雛まつり一姫二姫三も姫

も楽しい。作者は忘れたが、確か孫のことを詠んだ句だったように記憶している。

筆者は若い頃和文タイプを習ったことがあった。教習所に通っているのは若い女性ばかりで先生も女性、三ヵ月の速修期間を終えるまで、ついぞ男の姿を見ることはなかった。女ばかりのところに男が一人混じると、女性達は相当に緊張する様子でそれがビンビン感じられる。無駄口もピタッと止まってしまう。それがおもしろくもあって無欠席で通った。どうやら、女三人寄ればというのは、男の姿が見えないところでという注釈付きのことばなのかもしれない。

女を三つ重ねた文字「姦」は、

と表されるが、三は象徴的な表現で三人の女と特定しているわけではなく、一般的な意味での多数を指している。牛が三頭で「犇」、車が三台で「轟」といったように、姦には女ばかりがひしめいているという意味がある。本義は、よこしまで陰険な企みであり、女が三人寄ればケンケンガクガクとうるさくてしかたがないとの転義は和訓である。さらに好色の男が手当たり次第女をモノにしていくとのいやらしい含みをもつ文字でもある。

「姦」の本字は「奸」で、

「干」の部分は先が二股になつた武器の象形で、ふせぐ、おかす等の意味があり、「竿・肝・岸」などにその原義が残っている。

女ヘンの付く文字には「奸」のようにあまり好感が持てない文字が多い。別章のまとめを参照してほしいが、とにかく「婬・嫌・媾・佞」などと一見しただけで何か気持ちの悪い文字がある。よこしま、みだらといったような意味の文字に女ヘンを付けたのは、やはり、女の裏側の部分に「ねたみ・そしり・いかり」の炎が燃え盛っていることを古代人はちゃんと分析していたからであろう。大体女ヘンの文字は後世の形声・会意文字群で、文字としての原形質を形成しているわけではない。従って、ヨミも女の「ジョ・ニョ」には関係なく、ほとんどツクリの部分のヨミに従う。「如—ジョ・ニョ」は数少ない例外で、「嫁—カ」「娘—ロウ」「姑—コ」のように音読は比較的簡単である。

女と男をからませてつくられた文字に

が字典にみえる。いずれも「ヨウ」と読むそうだが意味は不明、おそらく「妖」のあやしさに通ずる部分がある文字であろう。三角関係と言いたげな読者の顔がうかぶがはたしてどうだろう。スワッピングを密かに楽しんでいる人がいると耳にするが、3Pだの4Pだのと大性宴が古代にあったかどうか、漢字ならぬ「感字」としての視点のみで言うなら、これらの文字、何となくそんな風に思えないこともない。

そもそも「男」は古くは「⿰田力」と書いた。

田を耕して生計をたてるのが「おとこ」の役目なのだそうで、およそ色気も何もない文字、「女」の

造形の見事さに比べるとどうもこの文字はいただけないが、今さら言っても詮ないことだからあきらめるとして、「男」を二つ並べて、

男男

と、二人の男がよからぬことを企む、なぶる、みだら等との意味とするのだそうである。つまり「嬲」と同義の文字となる。女をはさんで書くことで、そのよからぬことが女を暴力で犯すとの具体的な意味をもつことになる。弱いものいじめというようなまやさしい文字ではなく、女を犯した上になぶり殺すのである。現代でも事件の発覚を恐れて強姦の後その命を絶つという極悪な性犯罪が後を絶たないが、まさにそれに当たる文字である。男と女が逆転した文字

嫐

は、たわむれる、なぶる等の意をもつが、日本では「うわなり」で通っていて、歌舞伎の中にも出てくる文字である。モノセックス時代という現代、男か女かわからないような者が大量発生してきて「おとこおんな」「おんなおとこ」がウヨウヨ街なかを歩いている。この文字はだいたいそういう男を指していると思えばよい。女が二人がかりで男を組み敷いているという文字ではない。

男を三つ重ねて

なる文字を日本人が造り出した。国字または和字と称されている文字である。男二人でもよからぬ相談をするというのに三人ともなれば……。「たばかる」と訓じる。「共同出資で会社を興す」とでもしたいところだが、この種の理屈ばしった解ではやはりおよびでないといったところか。

文化八年といえばもう幕末の頃だが、小野篁（おののたかむら）ならぬ「小野ばかむら」と名乗る洒落っ気たっぷりの男がいて「諕字尽（きょじづくし）」を刊行している。その中で男と女に関する文字が結構おもしろい。

　ちわ　　ふる

　きぬぎぬ　　こんくらべ

と訓して著者自身がおもしろがっている。

　みぎばらみ　　ひだりばらみ

は今でも俗説的に年寄がよく言っていることだが、的中率のほどは知らない。

　ふきょう

とはあまりに物悲しくていやな文字だが、旱魃、冷害、疫病、高騰、悪政、自然災害等でこういうことが実際に多かったのであろう。娘を苦界（くがい）に沈めなければならなかった親も哀しいが、娘の心中を察すると胸が痛い。

第二十五章

「姉・妹」について考える

『姉・妹などという文字が造られた頃は、中国では人身売買が盛んだった。美しい娘たちは売買の市場で取り引きされた。最初に「市」場に立たされるのは順番からしても当然上の「姉」からということになるので、最初の「女」が「市」に出されるということで「女」ヘンに「市」で「姉」ができ、下の子は未だ市場に出さないので「女」へんに「未」で「妹」の文字ができた。「姉妹」という文字の誕生には聞くも涙の悲しい物語が秘められているのである。また、別な見方をすれば、一（市）番上の「女」だから「姉」で、「未」（木の端の方にのびた細く微かな小枝）は未知数で、これからの「女」だから「妹」になったということも成り立ちそうだ……。』

右文は、著者自らが「解説」ならぬ「怪説」と断って書かれた書物の一章だが、怪とは言いながらも全編大真面目である。このように解かれると、読者はなるほどそうかと受け取ってしまいそうで、活字信仰の風潮が著しい折から、この説、きわめて遺憾である。本書冒頭に、「駅」の解説に呆れ返って義憤の一ページをこしらえておいたが、それを書いている時点では、後にも先にもそのようなふざけた解釈はその一書のみと思っていたもので、まさか同類の書がここにもあろう等とは露ほどにも考えなかったからである。

「姉」の本字は「姊」で、右の解説とはそもそも出発点が違っている。現行の文字の形から入っていくから奇妙な説が生ずるわけで、それにしてもまさか人身売買説が出てくるとは、その意外性には敬意を表してもよいが、この種の牽強付会は厳に慎んでもらいたいものと希望しておく。

「𠂔」はまた「朩」（本ではない）の俗字であるとのややこしい関係がある。木が盛んに成長していく様子を表している「朮」がルーツで、これに「一」を加えて成長を止めるというのが本義、このように大もとをたどっていくと何が何だかわからなくなってくる。加えて、「𠂔」は「進」に通じ、女ヘンを付けて先に進む女、すなわち「姉」だとの解釈の例もあるようだが、自信たっぷりにそうだと示されると、そうだとも、そうでないとも、不明のままに納得させられてしまいそうである。「𠂔」は「進」だとの説明に飛躍があって、古代文字考察にはこの手の論法がいやに多く目につく。「柿」の本字も「柹」だがそれではまるで用をなさない解説である。

右は一般的な解字法を述べてみたものだが、「市」を「𠂔」としたところに原点的な誤りがあって、実は「朿」ではないかと考えている。古形に、

の形がみえ、「はじめ」の意をもつ。これに女ヘンが付いて「」

があり、どうやら「姉」はこれに従うものらしい。「柿」もまた

の推移となっている。「姉」を「」とした

よりもストレートに理解し得る。

「妹」は、

「末」が梢のまだ若い小枝を象った文字とされており、まだ幼い女「妹」と、こちらの方はまずまずの線だ。「妹」と書き誤ることがあるが、学校では厳しくチェックをうける。「末」の方がむしろす

んなりと説明がつくようで、ひょっとしたら、もともとこちらの方ではなかったのかと思うぐらいだが、古くは「妹」も決して否定しないという説もある。

「未」には、未完、未熟、曖昧、三昧、味覚、魅惑などのように、形としてははっきりしないものを表すことばに使われている。従って「妹」には、まだ今の段階では女というには早いね、その幼さが可愛いね、先行きが楽しみだね、といったような意味がこめられているのかもしれない。愛する妻に「―妹」と呼ぶのも、夫の優しさであると共に、女としての未成熟な部分をいとしんでのことかもしれない。男から愛される条件の一つに、放っておけない頼りなさを自ら演出してみせる秘技があることを現代女性は知らなさ過ぎる。いつのころからか女性は賢くなり過ぎて可愛さが欠けてしまっている。その種の職業女性は徹底的に「妹」のもつ幼さ、頼りなさ、可愛さを演技してみせる。家に帰っても賢（さか）しらな女がいると思うだけでゾオッーとするのである。男とはそういう動物だということを知っておけば操縦法はおのずから自明の理となり、痴（ほう）けた女を演じるワザも生じようというもの、このこと、ゆめゆめお忘れなきように。その道のプロの女性は徹底的に痴けを演じる。男どもはその演技力に大枚のお金を支払っているのである。

「姉・妹」は、男のきょうだいから女のきょうだいに向けて呼ぶ時のことばで、女きょうだい同士で呼び合うには「姒（姒）・娣」がある。「姒」は「始」と同字として「始」に「あね」の訓を当てる説がある。

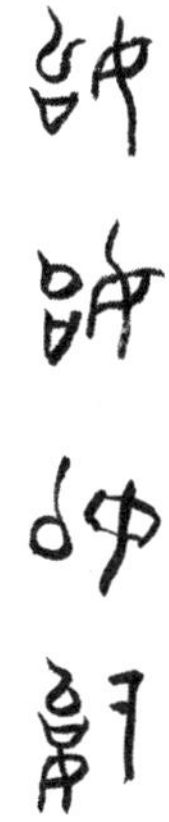

「以」の古形が「台」と同じであることから出ているらしいが、唐突の感は免れない。「台」はいつの頃からか「臺」の俗字として使われるようになり、すっかり本家おさまりをしてしまっている感がある。説文の解説では、よろこびをあらわす「怡」の原字であったとあるが、これもにわかに承服しがたい。ただ、「台」本来のヨミは「イ」で、上部の「ム」がそれを示しており、音韻的に「イ→シ」への変化があったとみる。意味は已れを表す「自―シ」があてられ、「私」にもそれが残っている。「始」の「シ」もこの経緯の中にあったのではないかと推量する。

一方で「タイ」のヨミに従った文字として「胎」がある。

堕胎なりと説明されているが、別章にも触れたごとく、人の世の良くも悪くも神祖の御意と敬虔な祈りを捧げてきた古代の人々が、そのようなおぞましいことをしたとは考えにくい。ものごとのはじめ、きざし、おこりの意で用いられている「胚胎」のようなニュアンスで、「はらむ、みごもる」に当てたのではないかと、ここは穏やかな解釈にとどめておきたい。

「胎」と同義で「抬」がある。「奴」に「孥」が生じ、「奴」つまり奴隷は、親や夫が囚われとなった時、その妻子一族もろとも、奴隷とされたことを表した文字で、多岐にわたる意味強化の造字が施されていった経過があったとみる。「孡」にも何か転義がありそうだが不明である。

意味強化といえば、「胚」は妊娠一か月、「胅」は二か月、「胎」は三か月目にあたると、実にこと細かい。したがって「胚胎」とは総称的に「みごもる」となった。

中国本土が文字の簡化政策を進めたのに対して、「臺灣」では依然として旧字体を使用しているが、実際には「台湾」と書く人が多くなってきている。タイワンに知己が多い筆者の実感である。

本旨からやや逸脱した挿入が長くなってしまった。いま一度本線に戻そう。

「娣」は女きょうだいの中で最年少の者を指すが、弟嫁を表すこともある。王侯貴族は妻妾を多数蓄えたというが、その中での年少者を指すことばでもある。また、姉と妹が同じ夫をもった時「娣姒」という。いやなことばだが歴史上の事実として認める他はない。

亡くなった女性の戒名に「大姉（だいし）」と付くのは、男性（優婆塞（うばそく））の「居士（こじ）」に対するもので、女性（優婆夷（うばい））の清信の徳を讃える尊称である。もともとは最年長の姉のことであり、また仏教的に尼僧や徳を積んだ女性を指すことばでもあった。

第二十六章　「要」について考える

「そろそろ本腰を入れて頑張らないと、発表会に大しくじり致しますわ……」

妙齢のご婦人の会話が聞くともなく耳に入ってくる。耳たぶの辺りが赤くなってくるようなことばだが、ご当人達は一向に気付いていない。もし、本来の意味を知っていたら、ことに女性ははばかって口にはできまい。

そもそも「腰」の本字は「要」である。現行の要は俗字で

要

が正字である。古くは、

または、

とした。「女」が付いているように女の要(こし)なのである。

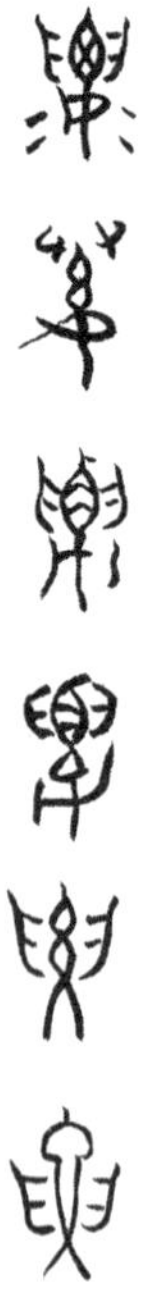

中央部は、首筋・腰・脚の細く緊った形を示し、左右の手を腰にあてがい、さらにくっきりとくびれた超スマートを願望としている形に造られている。現代流に言うならコルセットやガードルを付けて引き絞っているというあたりになるだろうか。

人間、年齢はとりたくないもので、若い頃あんなに美しかったはずの体形も、せいぜい三十までが華、体のいたるところに贅肉が付き始める。十代の頃の可憐な肉体はどんなにあがいても、もうその復活はない。おそらく古代の女性も同じ思いでいたに違いない。

ぎゅうっと括(くく)って締め付けたような腰が最上とされる。臀部がそれだけくっきりと張って見える。腰が緊ればバストも誇らかにそびえる。埴輪にそういう形をした女性像がある。古代人の女に対する美意識は、男もそれを望んだし女自身もそうありたいと願った。

腰（要）は肉体の機能を司るすべての要所であるから「かなめ」の義となり、「要約・大要・要点」等といったことばに生かされている。一つにしっかりとまとめ上げれば、とどのつまりは、の意味である。

古代人がもう一ヶ所細くすっきりとしていることを期待したのは首すじである。女性のどこに色気を感じるかの問いに、うなじ、首すじと答える男性が意外に多い。古代人も美形の条件の一つをここにおいた。「要領」の領とは首すじのことである。「領」の小篆以前の文字は見当らないが、

で、「令」は

首を垂れて神の声を慎んで聴いていることを表し、法令、命令等にその意が生かされている。

古くは「命」と同字とされていた。

「頁」は、顔を含む頭部で、うなじの意味をもっている。

要領を把握するとは、要のごとく、領のごとく、早くくっきりと一つにまとめ上げることなのだということになる。

男の女に対する願望は際限がないが、古今不変の真理のように、首すじが細く伸びていて、胸が豊かで、腰が細くくびれていて、尻が張っていて、脚がすっきりと伸びている、とまぁ、こんなあたりにあるようだ。かなり以前、枯れ木のような痩身の女性が来日して一時のブームになったことがあったが、古代人はいくら腰が緊っているといってもあの種の女には興味を示さない。どこもかしこも細いのだから、細く緊っていることの特性がないわけで、出るところは出て、引っ込むところは引っ込んでいなくては女じゃないと、彼等は言っているのである。

では、女性の腰にばかり注文をつけているのかというとそうではない。魅力ある男性の定義にも腰が細くすっきりとのびていることを決め付けている。それが「紳」という字にある。腰をしっかりとしめつける帯を表している文字で、

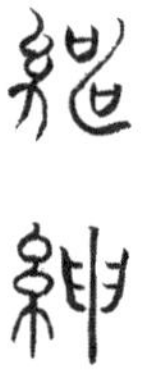

「申」は稲光りの象どりで、のびる、天の神、の意をもっている。

おもしろいことに、古代中国ばかりでなく、世界各地での初期的な「神」とは「雷」と考えられていたらしく、稲妻、雷鳴はよほど恐ろしかったものらしい。「神―ゴッド」のとらえ方はかなり後世にゆずる。後に「のびる、もうす」の意が主となって、「神」とはたもとを分かつこととなるが、天空を稲光が走るさまから「のびる」への転義は「呻・伸」などに活かされ、高位高官の者のみ許される大帯「紳」の着用は、位階への大きな「のび」をも表していて、なかなか気の効いた出来の文字といえる。ビヤダルのようなお腹をかかえた、それをさも男の貫禄だなどと思っているような「紳士」はおよびではなく、細身のスマートな体形を維持している男をイメージしたい文字である。

腰は人間の活動のすべての根幹を担うターミナルのような部位である。ここがしっかりとしていなければ何事も成就しない。最も重要なところであることから、「腰が座る」「腰を割る」「腰を据える」「腰を入れる」等といったことばが生じた。

しかし、実を言えば、これらはすべてセックス用語なのである。絶頂期の没我の女性の姿を指しているのである。その上に「本」まで付いているのであるから、「本腰を入れる」とは生半可なものではない。ことばはずばりと言い切った後は次第にやわらかくなめされていくから、時とともに本義が薄められていき、今ではことなきを得ているものの、危うさを残していることは間違いない。

嫁入りのことを「輿入れ」と言うが、もともとは「腰入れ」ではなかったかと思わせるほどである。

お嫁さんは「輿」に乗って行ったからという説明は便宜上のもので、婚礼の風習がまさかすべて輿ではあるまい。馬や牛の背にゆられ婚家先への行列をつくる風習は今でもあちこちに残っている。水郷地帯では舟が用いられている。たまたま同訓のことばをきれいにまとめた結果のような気がするが、このことに限っては筆者として自信はない。

「玉の輿」も、近ごろもてはやされている「逆玉」も、詮じ詰めれば「腰」に落ち着くような気がしないでもないが、これも同様に良識ある判断に待つ他はない。

ここまで聞いてしまっては女性達は口が裂けても「本腰を入れる」とは言えなくなるに違いないが、放送禁止用語にも入っていないらしく、テレビ、ラジオでもよく耳にする。雑念を払ってそのこと一本に集中する、一生懸命に取り組む、との「要」の意義は活かされているのだが、なんとなくナマッぽさが感じられてならないことばではある。

世の中には物識り博士の一言多し族がウヨウヨいるから、その餌食にならないように「要注意」のことばである。

第二十七章　「身」について考える

貴乃花親方が現役時代、横綱推挙を受けた時、「不惜身命（ふしゃくしんみょう）」の決意をもって臨むと答礼し、ひとしきり賑わったことがあった。横綱の名誉を保守するために、この身、この命をかけて頑張りますとの覚悟のほどを示したことばだが、あるいは「不自惜身命（ふじしゃくしんみょう）」（自ら身命を惜しまず）ともいって、そもそもは仏教用語である。ここでいう「身」とは「み・からだ」を指しているが、文字としての本義は、

で見る通り、みごもった妊婦の姿を象った文字である。臨月間近の女性の身体という意味での「身」なのである。お腹を突き出してさも誇らしげに見える象形だが、時折こういう姿で街なかを歩いてい

る女性を見かけることがあって、なんとも微笑ましい。近頃は栄養が行き届いているためか、お腹の中で赤ちゃんの発育が著しく、随分とお腹の突き出た妊婦が多いようだ。一昔前までは小さく産んで大きく育てるのが理想だとのことだったようだが、今日では余程の早産でもない限り三千数百、いや、四千グラムを超えるような赤ちゃんもまれなことではなく、新生児段階ですでに肥満化が始まっているらしい。もし今日流の象形文字で書くなら、

と、突き出たお腹をもっとリアルに書かなければふさわしくないような気がする。

文字の本義と対象しながら眺めているヤツがいようなどとは思いもしないだろうが、改めて読者諸氏よ、妊婦と出会ったならこの文字の造形の妙を思い出してほしい。女性が何に命を懸けるといって、出産こそ最大最高のものだろう。新しい生命を産み出すためには、まこと「不惜身命」、その誕生の瞬間まで赤ちゃんを大事に大事にお腹の中にかかえている、それが「身」なのである。

ところで、ここに「殷」という文字がある。この「月」の部分が、なんと「身」をひっくり返したようにまったくそっくりそのままなのである。

この形から「月」もみごもった妊婦であることがわかる。赤ちゃんが次第に大きく育ってきてお

腹が突き出てくることから、「さかん・大きい・ゆたか」等の意が生じるが、同種同意の文字の発生にはそれなりの理由があったと思われ、これだという定義の展開を試みたいところだが、残念ながら不明としか言いようがない。

「身」はみごもっているということ自体を表し、「殷」は日に日にお腹の中で大きくなっていく胎児の発育の様子を含めた意味があるのかもしれない。また「殳」は手に矛を持って戦うことを表している系列の文字であるから、「みごもらせる」という男の側の論理から出た文字なのかもしれない。

甲骨文や金文、小篆の文字を眺めていると、これらの文字は男の手によるものだということをつくづくと実感させられる。

女、および女ヘンに関する文字群や、本書全体で取り上げている文字には、対象を冷徹な眼で見つめようとする態度を保ちつつ、どこかで女に対する憧憬、希望、美醜あるいは生命の根源に関わる尊厳性などと、美しいものはより美しく表し、いやらしさや生臭さは徹底して出し尽くし、尊ぶべきを尊ぶ姿勢が網羅されているように思えてならない。もし女が女の生態に関わる文字に関与していたとすれば、文字の形も解釈も、後に大量に生じていく派生文字も、かなり異なった経過を歩んだのではないかと思えてならない。

「身・月」両字の線対称形の造字法と同様の例が次の諸字にもみえる。

欠

旡

永

𠂢

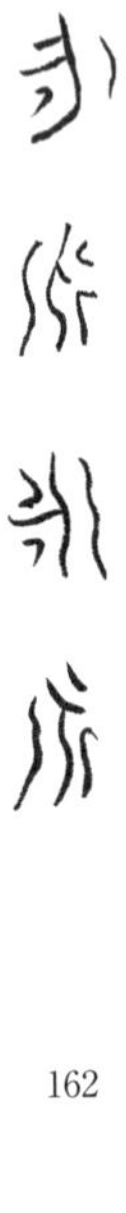

「欠」は口をあけてホッとしている様子、「旡」は顔をそむけて息をつまらせている様子とほぼ反意を表し、「永」は多くの支流をもつ本流の長大なることを示し、「𠂢」は川が幾つもの支流に分岐していることを表している文字である。

このことから「身」と「殷」についても、先に述べたような解釈が成り立つのではないかとの見解であった。

第二十八章　「文」について考える

通常「文」といえば文章、文書を指しているが、もともとは文字のことであった。「古文」といえば古典的な文章の類に使われることが多いようだが、殷墟から発掘された文字というのが本来的な用法で甲骨文、金石文などと使われている。説文解字の文も同様である。文字の「字」については別章に譲るとしてここでは「文」を掘り下げてみよう。

古代、文身の慣習をもった民族が多かった様子で、我々の祖先、倭人も文身を施していたことが魏志倭人伝に書かれている。現代でもなお原始形態を残している民族のルポを視ていると、かつての倭人達の姿を彷彿とさせる。

文身と刺青は同義のように扱われるが、文身は描く「いれずみ」で、刺青は彫る「入れ墨」であると分類しておけば理解が早い。刺青は主に罪人に対して行なった刑罰であり、身を飾る文身とは根本的に相違する。

動物のオスとメスを比べてみると、総じてオスの方が体も大きく色彩も豊かで美しい。鳥類など特にそうである。自己の誇示、性的な欲求というオスの生理が生み出した進化であろう。

こうした自然界を見て人間の男達もそれに倣ったとみえ、男の方が飾り立てることにはたけていることがテレビでよく映し出される。総身を原色で飾り、頭のてっぺんから足の先まで装身具をまとい付けているのが男で、女のそれは文身も控えめで、髪飾り、腕輪、衣裳などの細やかなところに凝っている。どうやら男の方がおしゃれだったといえそうである。

女性の化粧はこの文身にほかならない。昭和二十年代発行の女性読本に、女は夫の前に素顔を見せてはならない、寝姿などはもってのほかとある。それが女としての身だしなみであり心得であるというのだが、近頃はこういうのは古くさいとみえ、夫に対する気遣いとしての化粧という考えにたつ女性は次第に少なくなってきているようにみえる。一度釣り上げた魚にエサは与えぬとうそぶく男も多いから、まぁおあいこというあたりかもしれないが、ベッドの中から「いってらっしゃい」はなかろう。夫が駅そば朝食を啜り上げている頃に起きだして、自らのお出かけの予定に合わせて丹念に文身(化粧)を施している妻、予想以上に多い現代の図式である。

文には「あや」という和訓がある。これは「彣彰(ぶんしょう)」と称される文身の美しさを讃えることばで、微妙な美、いわく言い難しの美しさをいう。神霊、祖霊の前に立つ敬虔の念から普段着のままであってはならないと戒めるのである。精神的な贅を凝らす作法であるから、個々銘々に創意工夫の美を演出するのである。彣彰が後に「文章」と表記されるようになったもので、文字を書くとは、心を書きしるす文身のワザということになる。

さて、「文」の古字をたどってみると、現在の字形の祖である

に、「心・×・∨」などのしるしが書き込まれた字形がさらに古い形にみえる。

「心」がそもそもの形で「×・∨」はそれが簡略化したものであろう。生まれた子どもが祖霊と対面する儀式として額に文身を施したことを表している文字である。それはまた、祖霊の魂が宿ることを祈っての祖霊転生の祝告であったとみてよい。さらに邪神の仇なす悪霊に取り憑かれないようにとの願いでもあった。現代でも稚児姿の子どもの額に施された黒い点に名残りをとどめている。

「文」を含む文字に「産・彦・顔」などがある。

「厂」は額（ひたい）を表している部分で、産まれた子どもの額に文身を施しているのが「産」、子どもが大きくなって部族の一員としての認証を受ける時の文身を示す文字が「彦」、「彡」は総身にアヤを施した

ことを表している。その文身を描き加えた面貌を「顔」という。
また「厂」には「崖・岸」等に通ずる「きり岸」の意味が含まれていることも見逃せない。「彦」を名にもつ男性は多いと思うが、該当する読者は特に銘記しておいていただきたい。頭頂部を山とすれば額の部分は崖であることになる。この「がけ」がすっきりと切り立った状態の顔こそ「彦」というべきなのである。

男の横顔には憂愁の美がある等というが、その横顔とやらが額から鼻、顎にかけて、ある角度をもって突き出ているような顔かたちは、どうお世辞を加えても美しいとは言い辛い。そういう猿面型のご面相しか頂戴できなかった筆者などは、そのコンプレックスは相当なもので親を恨むことしきりである。いい男とは、すっきりと切り立った横顔をもっている。それに、いい男は賢そうに見える。見てくれの良さ、おしだしのカッコ良さから受ける印象で、美男子はどれだけ得をしているかわからない。加えて名前が「彦」とくればいうことはない。あとは中身の問題で、これさえ揃えば男の中の男ということになる。

化粧は文身だと述べたが、男性の「彦」に対して女性は「姫」、この文字のことは解説済みであるから理解が早いと思うが、美しく粧い、そして豊かな胸、さらに聡明とくれば最高の女体となる。

バストといえば、女性の文身を表す「文」には、

とある。明らかに二つの乳房を描いたもので、「爽」や「奭」等の文字の原形である。「爽明」な生命の宿りを示す文字である。

「文」が文身の文であることから、文字を書くという作業は、美しく粧わなければ本義にもとることになる。神祖の前に普段のままでは恐れ多いと文身を施した古代の人のように、人に呈する文字には威儀を正し、美しく書きしるしてこそ「文」のルーツに叶うものといえよう。書道的な上手下手を言うのではない、心に深くとどめた敬愛の念をこめての一書であれとの意味である。

第二十九章　「字」について考える

「字」は、

であるが、家の中に子どもがいるというのでは、字義の何ほども出てこない。一般的に辞書の解説にもある「生む・養う・育てる」等の説明も「字」のイメージから著しくかけ離れていて、理解し難い人が多いのではなかろうか。

古代人はことごとく浄霊浄化への祈願が生活の根幹を貫いていた。長い年月、文明と接触をもたなかった未開民族がひとしく口にするのは、聖霊の宿りであり、祖先への敬慕に発する呪術信仰への絶対帰依の姿である。長老を軸として統一された祝呪社会が構成されている。このことを基本に据えて臨まなければ視点を誤ることになる。素晴らしい結果が生じた時にはそれはすべて神祖の加護によるものであり、好ましくない結果に対しては、自らの祈りの不純と不足が招来した罰であるとの考え方は、現代文明人の最も学ばなくてはならない態度であろう。

「宀」は「家」だと短絡してはならない。先祖の魂が宿る御廟の象形なのである。生まれた子どもをその「みたまや」におき、尊い先祖の霊と対面させる儀式の象形がすなわち冒頭の文字である。これによって神の子となるのである。神の子であるから大切に授乳、保育しなくてはならない。「字」の「やしなう」の意は、「保」

ときわめて近い位置にある。みたまやに入る時、名前が付けられる。それが「字」である。従って「字」は文字というより名前の意味の方が強いということになる。初めて祖霊と対面した時の名前はあくまで幼名であって、長じて部族の一員として承認される時期がくると「名」

が授けられる。現代は生涯一称であるが、古代においては祖霊承認の命名儀式が少なくとも二回はあった。

説文では、「名」は「夕＋口」で、夕べのたそがれ時に出会うと互いにくらくて見えないから「名乗る」のだというが、このようなシャレにもならない下手な解字がまことしやかに書かれているものだから、重ねて言うように他字についても説文の解説を鵜呑みにできないのである。市販の辞書を一度とっくりと読んでみられるがよい。「なのる」という点ではあやまたないが。

「名」の「夕」は「祭」の「夕」の象形で、祖霊に供える貢ぎ物の意、「口」はその際の祝呪のことばである。「多」

が祭壇に供える供物を盛り沢山としたことから「おおい」を表しているように、これらは同系列の文字であるが、「夕」が月の象形だとする考え方も決して否定しない。

そこから「ゆう」が生じたとしてもそれはそれで「汐」のような文字に生かされている。しかしこの解で「名」の導きは苦しい。

「名」には魂が宿ると考えられ、めったなことでは他に明かさなかった。うっかり洩らせば魂の抜けた身になることを恐れるのである。特に女性はそうであった。すべてを許す相手でない限り名を明かすことはなく、喜びも悲しみも共有しあえる伴侶に初めて名乗り、神の聖霊を宿す儀式へと進行していくのである。

江戸時代、大奥で将軍が目にとめた女の名を聞く、それに答えた者が夜の伽ぎをするというが、中国の代々の皇帝もきっとそうだったろう。いや、それを真似たのが大奥だったという方が正しい。容易なことでは女は名を明かさないのが歴史の教訓性ともいうべきで、行きずりの恋にうっかり名乗った人妻が、その後脅迫やたかりにおびえるといった被害は後を絶たない。不倫症候群の女性達はここをしっかりと学習しておかなくてはならない。

子どもに名前を付けると「命名○○」と浄書して、屋内の最も聖なる場所だとする所に貼りだしておくことが一般に行なわれているが、「命」は、前出したように、

神祖の宣託を拝跪して謹聴している象形である。名付けるのは「人」ではあるが、それは神託を受けた人であり、神の名において名付けられたものであることがこの命名ということばによく表れている。人の子の親となった者は、ひとしく、子どもの命名には生涯の最たる努力の刻を傾注する。

「文」といい「字」といい今日の「もじ・もんじ」とやや離れた位置にあることが理解していただけたと思うが、赤ちゃんの成長過程で、名を呼んで反応した時の親の喜びはたとえようもなく、また、文字として名前が書けるようになった時、誰彼なく見せびらかして自慢したいような気分になるものである。そんな風に考えると「文字」という熟語は実に意味深長であることに気付く。

第三十章

「色」について考える

般若心経の中に「色即是空、空即是色」とあり、この世のすべてのもの、あるいは現象は、過去世から現在世そして未来世へと、因縁によって生じ存在するもので、それは色、形があるもののように見えながら決して不変のものではなく、いずれは消滅するものであるから実体としての存在が規定されるものではない、とまぁ、むずかしい宗教理論である。この「色」とは色事の色ではなく、サンスクリットの「ルーパ」の訳で物質を指しているというのだが、考えてみると色事も実にはかないもので、男と女、つきつめれば「一切空」に落ち着く。人間の生そのものが結局そこに決着することになるからである。「性」もまたしかり、心経の「色」を色事の色で全文意訳することも不可能ではない。

いま咄嗟にお名前を思い出せないが、博多地方で「にわか」を演じてみせる某氏の芸は実にコミックで、人間さまざまな不合理、不条理を解きながら、下半身の股間のあたりをたたいて、すべて「こう。

つからじゃ、こっからじゃ」と身をくねらせる。ギリギリのところでぷいと屈折の効いたオチには、笑いに引き込まれながらも、何か哀愁にも似た感興を喚起させられる。ご記憶の読者も多いことだろう。

修業中の青僧侶が、先輩の僧に伴われて遊廓に上がり童貞を捨てる儀式に臨んだ。女犯の罪におののきながらも、遊女の柔肌に顔を埋めて随喜の涙を流し、感極まって般若心経を唱えたという話がある。「色即是空、空即是色」と高らかに唱える若い僧の肩をまるで子どもをあやすように、経文に和して軽くたたいている遊女との交歓の図、筆者には哀しくも美しい話とみえてならない。

不殺生戒、不邪淫戒などというものものしい名の戒律があって、僧侶は肉食妻帯を固く禁じられていたが、明治維新後、一九二〇年の勅令をもってその禁が解かれるや、待ってましたとばかり法に従った。仏法よりも国法を優先させたわけで、半僧半俗を標榜して妻帯していた親鸞一派への毒々しいばかりの批判はピタッとおさまってしまった。以来、世襲による寺院私物化が始まり、日本仏教界の堕落が始まる。頑なに肉食妻帯を拒む僧侶はなく、今、仏法の教義に基づく戒律の説明を正しく語れる僧侶は皆無に等しい。時代がどうあれ、条件がどうあれ、社会機構がどうあれ、戒律は戒律、妻という名が付こうが付くまいがセックスそのものを禁じたのが戒律であって特約条項などさらさらない。仏法に照らして言うのなら、仏教界は破戒僧ばかりの集団ということになる。読者の中に僧侶がいて怒りの抗議を寄せてこられるなら受けて立とう。

解禁前の僧侶は厳戒体制の中で禁を犯すというスリルに情熱を傾けたもので、考えようによっては実に可愛くもあり、罪の意識におびえながらそれでも自らを御(ぎょ)しかねたというあたりが人間らしくてよい。

そもそも戒律だの規制だのといったものは肯定せざるを得ない実情があればこそこれを否定したもので、強い否定はそれだけ現実を直視した所産である。悠久の昔から男と女の間の問題は錆びた知恵の輪のようなもので、永遠に解けそうもないから、うそをついたらだめだ、酒を飲んじゃぁいかんといった道徳倫理の教科書に書き留める程度の次元の戒めと同じ座に、戒律という名のもとに封じ込めてしまったもので、今頃はお釈迦さんは不邪淫戒だけは別章立てにすべきではなかったかと反省しているかもしれない。

そろそろ中・高生の分際でセックスなどとはもってのほか、左様な不届き者は退校処分とする、といったような校則を載せる学校が出るかもしれない。正しい男女交際などというような生易しいことばで対処しきれない現実を抱えはじめている。しかし、これだけセックス情報を氾濫させておいて、それを見ちゃぁいかん、しちゃぁいかんはなかろうぜ、おじさま、おばさま。

さて、「色」だが、「人＋卪」で、

上部、下部ともに人型である。「卪」は「巴」でもあり「卩」でもありいろいろな形で表記されるが、体を曲げて小さくなっている様子である。色はずばり男女交接を象った文字で、男女のどちらをその

上下に当てるかは読者の想像に任せよう。ぴったりと寄り添ってくっついている姿である。

「卩」は「節」の本字でもあり、節操をもって事に処す人のまこと、と会意して、人の姿、転じてかたち、容色、そして「いろ」と多彩な発展となったのでないかと考えられる。

男女交媾において互いに美形を好む、ことに男は美しい女を欲するから、美しい姿、形、色と転じたとの説は多分にご都合的な解釈と退ける。

どうやら古代人は「色」だけでは気に入らなかったとみえ、もっと直情的に示した性交、まぐわいの文字を作った。

である。

獣が交尾していることを表した文字は「属」で、正字は「屬」、これは「尾」と「蜀」の合字で、

尾　蜀　屬

る。

「尾」は現在「しっぽ」であるが、本義は尻に毛が生えていると表しておいて実はその奥の女陰を指している文字で、「蜀」はそれに「つづく・つながる」の意をもつ。犬の交尾の光景を思い浮べるとこの文字の成り立ちへの理解が早い。女陰から続いて生まれる、つながるで、後の血属（族）、親属（族）などと使われるようになった。造字法としては人型を二つ重ねて「色」としたことと同様である。

人が獣を犯すことを表した文字が「犯」である。

「㔾」はやはり人型で、後に「犭」の意が欠落して罪を「おかす」となったが、もともとは獣姦の象形である。道徳のかたまりのような婦人が言う。「男ってそんなにまでしてセックスしたい生きものなのかしら、不潔ねぇ、最低……。」と。

お答えしましょう。男ってそうなんです、と。

別章で取り上げているが「尼」の造字法も同様で、背後から近付いて接するといううきわどい意味があり、知らなければ何事もなかったものを、筆者が寝た子を起こすような出しゃばりを演じているのではないかと懼れる。

虚実を確かめたことはないが、長期にわたって調査研究に臨んだ某国の派遣隊では、山羊を同行したという。乳をしぼる、非常事態発生時での食肉とする用途というばかりでなく、そういうお役目もあるそうな。セックスのセの字も口にしないことをご清潔だと心得ているご婦人達に、一度じっくりと考えていただきたいテーマである。それとも、そのための特別任務を背負った女性が同道していただけますか。

もうお気付きいただけているように、本書では従軍慰安婦問題をしつこく取り上げたことと根は一つである。戦争を聖戦と定義づけた陰の部分で、性戦ともなる要素を孕んでいることへの思慮が全く欠如していたことによる悲劇であり、獣姦にも等しいような扱いをした女性達に、国家として謝罪と賠償は絶対不可欠と考えている。

女文字大集合

みめよい女字集団

女の容姿について、特に、美しい、みめよい、たおやか等の意味をもつ文字を特集してみた。

㚹姚姝妑姣姱姳㛂𡛷妍姡姼娃

姌娍娙娜娞娟婗𡜊媱婍婐婘婜

婠婩婪𡠆婷婹婻媄㜵媉媌媔媛

㛹婧媨𡠆嬓嫋𡢃嫙嫸嫣嫩㛘嫮

嫵嫷嫹嫺嫿嬋嬌嫇嬪嬥嬮嬱嬫

嬛孅嬴𡤛孃孎𡤻𡣷孌

女のどこがどのようにみめよいのか、こんなにも細分化した人種は中国人以外にはいないに違いない。これらの大多数は現在では死字化してしまっているが、本来それぞれに深い意義があった文字であろう。みめよいこと、美しいことの定義としては、女の、若いこと、細いこと、しなやかなこと、弱いこと、目鼻立ちがくっきりしていること、すずしげであること、腰がくびれていること、バストが大きいこと、そして、品が良いこと、従順なこと等々と分類している。痩せたい願望でエステ通いの現代女性達の志向するものと同じである。聡明であることとみめよいことはどうやら別次元であるようである。このことも現代において変りはない。品性と従順はちょっとニュアンスの違いがあるようだが、かなりトンダように見える女性でも恋を知ると急に「あなた好み」のよそおいを見せるところをみると、古代中国人の考えとさしたる差はない。もっとも、漢字に刻まれたみめよい女への希望は男の側から見た、男にとって都合の好い女像であり、古代の女性達が本心からそう願っていたかは窺い知ることはできないが、「美しくありたい」は女の永遠の願いであろうから、時代の相違は外しておくのが正解といったところだろう。

ここに興味あるデータをもっている。高校教員をしている知人に依頼して現代女子高生の意識アンケートを試みてもらったものである(1)群)。(2)群は本稿を起稿した十二、三年前、筆者自身が当時の女子中学生を対象にした調査で、両群共に一〇〇名に問いを発しているから、%すなわち人員数と受け取っていただくとよい。

【問】　神様があなたに一つだけ願いを叶えてくださるとしたら、次のどれを選びますか。

結果は、

	A　容姿端麗	B　聡明	C　長寿
(1)	A　72％	B　18％	C　10％
(2)	A　61％	B　26％	C　13％

とでた。顔かたちばかりにこだわっていない十代のおとめ達のBに対する意外な高率に正直な印象としてほっとしたが、それでも十人中六～七人は何が何でも美しくありたいとの願望を抱いていることに、なるほどと妙な納得をしている。Cの低率は、まだ生命の実感を伴わない年代であることを如実に示した数値であろうとこれも納得する。中学生より高校生の方が、より「おんな」に近づいているから、「美しくありたい」はかなり切実性をおびた訴えとなっているような気がしてならない。なお、右は東京都下の中高生の意識であることを断っておく。

一覧の、みめよい「女」字のそれぞれについては、文字群の列挙に留めるが、美と醜は隣り合わせで、一字で両意に亘っている文字が決して少なくはない。

たとえば、「嬌」は「みめよい・美しい・なまめかしい・可愛い・愛嬌がある…」を主意としながらも、「おごりたかぶる」の意で「驕」に通ずる意味も合わせもっている。また、「孃」は「娘」に通ずるという程度で中国語ではあまり使われることはなく、原義はむしろ「肥える・煩わしい」の方にあり、その種の女は決して歓迎されないタイプということになるが、日本では可愛い娘さんへの敬称のような使われ方として落ち着いている。余計なことを言って「お嬢様」のイメージが壊れるじゃないかとクレームをつけられても困る。

いやしい女字集団

前章の女字集団と共に、女ヘンの文字には、邪、不正、猜疑、愚、嫉妬等々とあまり好ましくない意味を表す内容のものが同数程度刻まれている。どちらかといえば、心理、心情のあやなす微妙な揺れの振幅に関する内容であるから、本来は「心・忄」部に属するはずであるが、どういうわけか女ヘンの文字として集約されてしまった。女の精神構造は魔訶不可思議と、古代人もなかなかに読みが深い。テレビドラマで夫婦、男女のいさかいのセリフに、「男のあんたに私の気持ちがわかりっこないわ」が決まり文句のように出てくる。男と女の道は永遠に玄妙、底無し沼のようなもので、長年連れ添った夫婦の阿吽の呼吸よろしき仕種も互いにわかったふりをしているだけのことで、本当のところは何ンにもわかっちゃいないというのが掛け値のない答えであるように思われる。

文字生成過程の中で女性の関与はなかったのではないかとの前述のような推理をしたのは、次に掲げる文字群の、女ヘンに編成することの都合のよさがいかにも男の発想と思われるからである。女ヘンに属する文字の大半は象形文字の祖形を柱として後世の会意、形声文字の集団であるから、もし、字体形成に関する編成会議のようなものが設けられ、男女同比のメンバーがそれに臨んでいたとすれば、たちまちセクハラ騒ぎとなっていたことであろう。今日ですら「女、子供にわかってたまるか」の本音部分をどこかにかかえているのが男という動物であるから、その昔はなおさらのこと、学問も法律も一方的に男の論理の産物である。

女性読者にとっては見たくもない文字と思うが、一応ガマンをして見ていただきたい。

① ねたむ・そねむ・さまたげる・いさかう・はげしい・はずかしめる・けがす・きらう・そしる・あなどる等の意

妏 妎 妨 妒 妔 妬 姡 媀 媢 [illegible] 媸 嫉 嫨

嬈 [illegible] [illegible] 嫼 嬻 嫌 媿 [illegible] 嫚 嫛

② つつしみのない・いやしい・こびる・むさぼる・おごる・おこたる等の意

奴 [illegible] 妋 姡 [illegible] [illegible] [illegible] [illegible] [illegible] 娬 [illegible] [illegible] 婪

[illegible] [illegible] 娨 媻 [illegible] 婺 [illegible] 嬾 媷 [illegible]

③ みだら・おかす・なぶる・ほろぼす等の意

奸 妄 姦 娋 娙 婸 媟 嬓 [illegible] 嬲

④ みにくい・おろか・わるがしこい・あやしい・おろかなしなをつくる・いろをうる等の意

妖⿰女酉⿰女呂婄娸婎婓媮⿰女享⿱隻女嫫⿰女買嬀

嬒嬯嬦⿱⿰鹵可女

よくもここまで洗い出して女ヘンの文字に押し込めたことよと、むしろ感心しないでもない。日本で作られたいわゆる和製漢字（国字）の中には、このあたりの事情を踏まえて「嬶」のような文字がある。女なんてものは鼻であしらう程度のものよと、その成り立ちは男尊女卑思想のなにものでもない。おいおい、そんなおかたいことを言うんじゃねぇよ、「うちのかかぁ」ってぇひびきはあんたがいうほど悪いものじゃぁねぇよ、なんとなくあったかくて、夫婦の年輪を感じさせるじゃねぇか、などとちらっとでも考えたあなた、じゃぁうかがいますが、人前で女房から「うちのやどろく」「うちのろくでなし」と言われてガマンができますか。歴史とは残酷なまでに女には納得のいかない歩みをしてきたことを男共はよくよく知る必要がある。右に見るようにこんなにまでも嫌な思いの文字が女ヘンに集結しているという事実をよくよく見据えておかなくてはなるまい。

右の諸字に音訓を付しておこうかとも考えたが、漢字は一字一義ではなく、また、一字一称ではないため、あえてヨミを外して文字のみの羅列にとどめた。興味ある方は一度字書の中にのめりこんでいただきたい。

「**女**」部の文字大集合

女
2画
𡚧𡚨奴奵𡚦奶㚢
3画
奷奸她

奺奻奼𡚵好𡚯𡚬𡚶妁𡚭如妃妅

𡚮𡚱𡚲𡚴𡚰𡚩妀𡚫妟妄
4画
妉妊

妋妌妍妎姌妏𡛁妐妑妒妓妔妕

妖妗妘妙𡛗妚𡛜妜妞妠妡妢妣

妤姰妦妧㚫妨妉㚻㚹㚾妢妝㚷

妄妛妟㚼𡚾㚢㚡委

5画

𡛷姤妭妮

㚠妯妰妱妲妳㚦妵妶妷㚸妸妹

妺妼㚰妽㚸𡛝𡛊姀姁姂姃姄𡛖

姅㚵姆㚲㚳姈姊姉始姌㚭姍姎

姏姐㚴姑㚸𡛕姒姓㚰㚹娐㚻姖

〓〓〓〓〓〓〓姉〓〓〓妴妻

妾妿〓〓委姕〓〓〓〓

6画

姘姙

姚姛姝姞姟姠妑姡姢姣姤姥姨

〓〓姩姪〓〓姖姫姮姯姰姱姲

姳〓〓姵姶姷姴〓姸姹姺姻〓

姼姽姾〓娀〓娂娃〓〓〓〓〓

娙
姌
𡛖
㚦
𡜊
妒
𡜪
㛟
奸
㛓
委
姜
𡛫

𡝩
㛎
㛠
㛑
姿
㚾
㛊
㛌
娄
姦
威
㛄

7画

娏
㛪
𡜮
娉
娊
娋
㛡
㛏
娌
娍
𡝤
娏

娐
㛐
娒
娓
娔
㛒
娕
娖
娗
娘
娙
娚
娯

㛓
㛃
㛔
娜
㛇
㛖
㛋
姡
㛗
娞
㛙
㛟
㛚

娟
娠
㛛
娡
㛍
娢
㛪
娣
娥
娦
娧
娨
㛂

娩 娪 娫 婚 娭 娮 娊 娲 娱 娦 娗 媱 姡

娰 豚 姒 嫰 嫩 娎 娑 圂 婺 婆 婓 晏 嬰

淒 娶 屡 姦

8画

娬 㛂 婚 娵 姘 娷 娸 嬨

娺 婑 娻 娼 婼 娽 娾 婀 婂 婃 婄 婌 婡

婇 娆 婿 婈 婉 媴 婋 嬭 婌 婍 婎 娩 婐

婑 婒 㛹 婡 婔 婕 婖 婗 婘 婩 婙 婚 婛

婝婞婟婠婡婢婣婤婥婦婧婨婩

⿰女林婫⿰女易⿰女巠婭⿰女坴婮婰⿰女昔⿰女妾⿰女旨⿰女肯⿰女卒

⿰女告⿰女畀⿰女忽婲⿱肥女娶⿱弦女⿱弥女⿱⿰弓余女⿱尚女⿱阿女婁婁

婁婆⿱𦥑女婓婜⿱沽女婪⿱西女⿱癸女⿱牀女⿰昏女

9画

婷

婸婹婻婽婼⿰女勉⿰女昬⿰女叚⿰女畏婾婿媀⿰女首

媁⿰女頁媂媃媄媅⿰女𡿺⿰女爯媆媇媈媉媊

媋 媌 㛳 媴 媎 媏 𡟯 媑 媒 媐 媓 媔 𡟷

𡟭 媕 媖 媗 𡟰 媘 媙 𡞲 媚 𡟪 𡝳 媛 㛹

嫂 媜 媶 媞 𡞵 媟 𡝩 媡 媢 媣 媤 媥 𡝰

媦 媧 𡡁 𡝫 𡢳 𡟞 𡟹 媨 婦 𡞭 嫁 𡢓 媩

𡡓 𡣍 𡟨 𡢨 𡝗 㛔 𡞴 𡟡 娼 𡞣 娜 𡡉 𡞱

婝 𡢖 𡢗 媪 𨠰 𡜳 婺 𡠜 𡡧 𡣖 𡟜 𡠂 𡢁

婺 𡠗 婆 𡡍

10画

嫋 𡠓 媱 𡝰 𡢅 𡣃 媳 𡟲

𡞰 𡣪 媸 嬼 𡡞 𡣍 婿 𡢾 嫥 媪 媙 媽 𡟮

𡣃 㛍 媼 嫄 媾 𡡡 𡠜 媿 嫀 嫁 嫂 嫃 嫎

嫄 嫅 嫆 嫇 嫉 嫊 嫋 嫤 𡡕 㜎 嫌 𡡏 媿

嫍 𡢛 㜀 嫏 𡣞 㛜 嬚 𡣊 嫈 㜂 嬋 媵 嫛

嫯 𡡊 媻 𡟷 嬮 嫈 𡤔 𡣔 𡝤

11画

媦 𡢨 嫖

婉⿰女咠嫗嫘嫙嫙嫚⿰女羕⿰女通⿰女曹嫜嫝嫞

嫟⿰女參嫡⿰女虘嫣嫤⿰女畢嫥嫦嫧嫨嫩嫰

⿰女鹿嫪⿰女宿⿰女惠嫫嫬嫰⿰女符⿰女孛⿰女雩嬓嬒⿰女屬

⿰女堂⿰女前⿰女崩⿰女崔⿰女從⿰女巢⿰女悤⿰女婁⿰女悉⿰翏女⿱埶女⿱埶女嫛

⿱匽女⿱麥女⿱規女⿱莫女⿱現女嫯⿱斬女⿱厤女

12画

⿰女敝⿰女韋嫵⿰女然

⿰女覃嫶⿰女脊⿰女善⿰女黃嫺嫻嫼⿰女業⿰女曾⿰女斯⿰女買嫽

嫾嫿嬀嬁嬂⿰女最嬄⿰女厥⿰女朁嬅⿰女尋嬆嬇

嬈⿰女𤔔嬉嬋嬌⿰女魁⿰女敳⿰女悤⿰女惡⿰女渠嬬⿰女買⿰女虛

嬏⿰女盛⿰女淼⿰女侖⿰女胥⿰女营⿰女頁嫳⿱稍女⿱隋女嬃⿸厂⿱林女⿱蒦女

⿱埶女⿱詹女⿱叟女⿱強女⿱湯女⿱聑女⿸广⿱林女⿱畢女

13画

⿰女奧嬐嬑嬒

嬓⿰女魁嬕嬗嬘⿰女豈嬭嬙⿰女敳嬚嬛⿰女黽嬝

嬦⿰女舅⿰女董⿰女晉⿰女義⿰女喿⿰女罥嬪⿰女開⿰女⿱雨另⿰女敝⿰女蔞⿰女賚

嬡 ⿳亼口⿲月女凡 嬴 ⿱合⿲月女凡 ⿱奄勇 ⿱⿱罒殳女 嬖 ⿱毀女 ⿱新女 ⿱毄女 ⿱殸女 ⿱⿰𢆶殳女 ⿱陜女

嫳 寠

14画

嬣 嬮 ⿰女舞 ⿰女⿸广⿱兼心 嬥 嬦 嬧 ⿰女⿱絲心 嬩 ⿰女署

嬪 嬫 嬬 ⿰女監 嬭 ⿰女畣 嬯 ⿰女剽 嬳 ⿰女善 嬠 ⿰女綿 ⿰女熙

嬪 ⿰女𣗥 ⿰女眷 ⿰女⿱羽足 ⿰女𢇍 嬶 ⿰⿱垂女艮 ⿰⿱吅女男 嬴 ⿱奄⿰女男 ⿱⿰夊今⿰女南 ⿱⿰壴見女 ⿸厂⿱⿰貝殳女

嬰 ⿱漸女 ⿱斬女 ⿱⿰革殳女 ⿱漢女 ⿱⿱罒貝女

15画

⿰女適 嬸 ⿰女興 ⿰女憲 ⿰女樂 ⿰女墨

⿰女⿱罒吳 ⿰女慮 ⿰女察 孅 嬻 ⿰女質 嬼 嬙 嬛 嬓 ⿰女嶲 ⿱颯女 ⿱⿲木缶木女

16画

⿰女⿳亡口⿲月凡凡
⿰女閻
⿰女褱
嬾
⿰女蕭
嬿
⿰女曹
⿰女鼎
嬪
⿰女逢
⿰女褭
⿰女歷
⿰鼎女
⿱蓺女
⿱興女

17画

⿰女毚
孀
⿰女簋
⿰女薛
孃
孄
孅
⿰女爵
孆
⿰女蜀
⿱霝女
⿱彌女
⿱雔女
⿱覆女

18画

⿰女⿱爾心
⿰女雙
⿰女巂
⿰女聶
⿰女雚
⿰女瞿
⿰女興
⿰女轉
⿰女儵

19画

⿰女關
⿰女贊
⿰女羅
⿰女靡
孋
⿰女䜌
⿰女藥
⿰䜌女
孌

20画

⿰女嚴
⿰女矍
⿱⿰齒可女

21画

孎
⿰女蘭
⿰女⿱丵言
⿰女纍
⿰女覽

22画

⿰女彎

23画

⿰女戀
⿰女疊

24画

⿰女豔
⿰女⿱兔⿰兔兔
⿱⿰兔兔⿰女兔

「女」を含む文字大集合

2画

㚢𠇍

3画

囡𡥂安𡧀𢀖㤿汝𨚗

4画

伮侫努𡛗𢗼𤖻𦙶

5画

侒𠌂𡚸呶孥帑怓𤙭𠊳𥁰𥥛弩𠈀

6画

咹𡈁𡜌峖帤怒𢙇拏㑦按𡈊㲲洝洳𠆤籹要𦙶䓈要𨜦娜怓冦𢙔

7画

拏恕倭𡦗

桵 峖 𢓭 挼 晏 晏 架 案 桉 宴 侒 寇 怒

𦒓 砮 𥒦 笯 氨 浽 胺 荌 𦲿 𦯶 茹 荽 趍

8画

偃 偠 倭 喓 唼 啑 嘍 㛹 𧽬 婁 𢏳 𢏽

悽 𢙟 捿 摟 接 𤮺 棲 楼 𣪘 𣨼 毸 溇 淁

凄 婺 𤟹 痴 盗 腵 蝥 𡝀 𥾯 㮃 鋖 閔 雯

𢡟 㗛 楔 萎 𨻍 䁆 郪

9画

𧋞 絮 𧚝 架 喓

喓　㚈　𡒉　葳　㜸　愝　㥰　殀　毳　溇　濢　㼌　綏

菇　萡　𦱛　萎　蒌　葹　萋　葩　筎　蝧　逶　郾　郪

隁　隇　𨻰　颮　堰　㚟　陖　脮　腇　揠　烓　棲　椄

楼　寇　袽　諉　諏

10画

𨹃　劃　䌛　塞　宴　屢　䉤

𡏮　犙　痿　睃　矮　䃺　𥐟　稜　窶　㚈　踒　緌　䝗

腰　萋　葳　蔞　葩　𦲷　𦱶　䅬　褸　勳　躿　骰　諉

𤭛
𤮃
篎
𨻵
𣶒
椻
楆
僂
𧨟

11画

𨥑
塿
𧍝
𡣯
寠
𧇔
屢
𡲆
𡡡
嶁
𡢃
𡤐
𢅥
廔
慺
𢥒
𠩄
䁏
𣯊
𣯧
漊
𣿫
𣽧
𦾔
𦸙
𦽝
𦻔
䅎
𧂄
𦼏
𡤜
䙅
褗
𨂝
𡣍
餒
𡢨
鉫
銨
𢋉
𤢖
簍
𦑗
𦍼
矮
褗
蜲
嘍
𡃜
䦟
𨼆
摟
𥳽
𥈭
𥔥
緁
縷
緌
𦓐

12画

數
數
數
數
𣰽
氀
𣰈
𣽧

䁙瀴滛瑻窒縷縅膢艛艥蔞蔢蔩

蕳諉諉貒貒踒踒韓酼嫗頝鋖黍

蝼蝘蝛䁯鞍䆡覞餒餧鵞艛遱

13画

瘻瀴瘻瞜磙褸䰧寠閿隁霎霎鞖

颯餒鶩蔆蔢蘩賈稷箺軀旟甊甄

飕鋉鏤褸䙬雔謥

14画

嘍嘍夥屨簍

⿱⺮⿷匚女 ⿱⺮⿱女衣 ⿱罒婁 ⿰羊婁 耬 ⿰酉妾 艛 ⿱艹⿰女叟 ⿱艹⿰女辱 ⿱艹⿱幸女 ⿱⿱艹般女 ⿱⿱艹叀女 ⿱艹⿰糹妾

螻 ⿰角晏 ⿺走晏 ⿰委頁 ⿸風委 ⿰委風 ⿺鬼妥 鮟 ⿱妻魚 ⿰安鳥 鴽 ⿱如黍 ⿰黍安

嬶 ⿰馬安 ⿸齊女 ⿱婁疋 ⿰亻⿱晏灬 餧 ⿵門婁 ⿰重委 縷 ⿰委香 ⿰婁隹

15画

⿰口數

⿰豆婁 貗 貗 踥 ⿰金娑 ⿰金晏 ⿰晏隹 ⿱髟委 ⿰魚晏 ⿰魚妾 ⿰要鳥 鷃 魏

擻 謱 ⿰身婁 遱 ⿰黹女 ⿸麻婁 ⿸厂⿰婁毛 寠 ⿵門妟 ⿰婁見

16画

⿰首姬 ⿱𢆶女

藪 ⿱艹⿰女尋 ⿱晏䖵 鏤 ⿰金⿷匸委 ⿰馬要 ⿰氵⿱亡⿰女風 ⿰姦馬 ⿰魚委 ⿰魚妾 ⿰妻鳥 ⿸鹿委 ⿸鹿委

𪚥隮𩁹𩅸

17画

嚶孆廮瀴𤢻𨟻攖巊

瘶𩔷鞻𥗮簍𩧕𩯕𩿡鷗齱𩚀𩐢𩥗

瀛臝蠃𣜺蘲𪖝𪏂𩕣寠鰋鰔

18画

寠

巍𡾦𩴪𡡓𤚻瓔𦡆櫻𩕢籔𥻬𧖅穰

䮫髏𨇨𤳂鰯鸚𩏶𥗁

19画

癭𢖬䁐𧞅

巍鱋鷜𡤥𥳑鼴

20画

纓蠳𨯲𡤹𨣞鼹

21画

譻
蠳

22画

⿰嬰兒
⿰嬰隹

23画

⿰嬰頁
⿰⿱女鬼⿱口鬼

24画

⿰⿱亠⿱口早婁

25画

鸚

⿰彳⿰婁鳥
⿰鳥嬰

あとがき

本書の誕生にはかなり紆余曲折があった。「序」にも少し触れたが、きっかけは、女ヘンの文字に何かエロチックな内容が含まれたものがあるのではないか、との質問に大まじめに応えたことから始まっている。文字考証をそのような具に供されることを潔しとしないとの立場からこれを断って、果たしてこの内容が書物という「商品」として成り立つものかどうかを危ぶみながらも、少しずつ稿を進めていた。その間、何だか怪しげな古代文字論考が出回っていることに危惧をおぼえながらも、個人的所感の域を出ないものとして出版を視野の中に入れないまま、断片的に随想録として発表する機会があるかもしれないと、まずはそんな程度の進め方であった。

ある出版依頼に応じていた時、ついでに本稿を見せたところ、つづけてこれも刊行しましょうということになり、やっと陽の目を見たかと喜んでいたところ、従軍慰安婦の箇所を取り下げてほしいとのこと、即座に原稿を引き取った。何がゆえに、も聞かなかったし、自らの意思表示もしなかった。わずか数行の展開に過ぎないが、従軍慰安婦問題には筆者なりの精力を傾けてきたという自負があった。相当数のその種の書物にも目を通してきたし、当事者の弁を聴取したこともある。出版界の及び腰に「情けなや」を感じて失望したことによる。

こじつければ、いくらでも書き増やせる古代文字考は、自身でも呆れるほどに膨れ上がっていった。その中から三十編にしぼった。「姓」「嫁・姑」「俳」の三編は某所での講演録の要旨をまとめたものである。

突然、交通事故を貰い受けた。居眠り運転による追突事故であった。脊髄損傷によって筆を持つことの断念を余儀なくされた。

本稿の起稿は十二年前、筆書が思うように進められなくなってから八年余が経過する。ずうっと本稿は眠ったままであった。生来の無精者がどういう風の吹き回しか机辺の整理をしていたところ、本稿の主要な筆書部分が保存されていたばかりか、原稿の大部分がフロッピーに記録されていることを知った。これらを少し整理し、足らざるを埋めれば「形」になるのではないかと思い始めると、無性に「嫁入り」させてやりたくなった。その仲人役をかって出てくださったのが雄山閣・久保敏明氏であった。原稿の一言一句そのままを著者の言として刻んでいただけた。「ありがたし」と思わず合掌した。

ただ、起稿時の世相との隔たりが大きく、訂正加筆部分に一貫性を失するのではないかと苦慮する面があったことに加えて、それに伴う筆書部分の補填に全体的な体裁上の段差が生じてはならじと、障害をもつ者としてはキツイ姿勢を強いられたが、当初、筆ペンとボールペンを用いた手抜き筆耕だったことが幸いして、現況の体調をカバーしてくれることとなった。筆ペンなら何とか手が動く。おそらく後に毛筆でしっかりと書き直すつもりで初稿づくりをしていたと思われ、かなり筆致が甘いが、これでお許しを乞うしかない。今まさに、嫁入り道具をちゃんと調えてやれなかった親父の心境である。

どうぞ、存分のご高批をまつ。

筆　者

【著者略歴】
水野 栗原（みずの りつげん）
書道研究・幽玄会主宰。現代写経研究会代表、桂林碑林に作品碑建立。国立能楽堂能本筆者。意識的に無所属のまま現在にいたる。
著書：『千字文異体字類』（近藤出版社）、『法華経写経入門』（名著出版）、『俳句の書き方』（日貿出版社）、『常用漢字現代千字文』（日貿出版社）、『小中学生の俳句』（あさを社）、『演能本「布留」』（銕仙会）、『俳句の国の天使たち』（共著・教育書籍）、『世界のこども俳句館』（共著・平凡社）、『こども俳句歳時記』（共著・蝸牛社）、『仏語墨場必携』（日貿出版社）、『写経の手ほどき』（雄山閣）、『篆書』（雄山閣）、『昭和・平成・子ども俳句秀作選集』（国書刊行会）、『ふるさと』（共著・ＮＨＫ出版）、『演能本「後の羽衣」』（喜多流刊行会）等
日本学生俳句協会代表。現代俳句協会会員。

平成17年7月30日　初版発行　《検印省略》

漢字のエロス　―古代文字から読み解く「女」漢字―

著　者　水野栗原
発行者　宮田哲男
発行所　株式会社 雄山閣
〒102-0071　東京都千代田区富士見2-6-9
電話：03-3262-3231(代)　FAX：03-3262-6938
振替：00130-5-1685
http://www.yuzankaku.co.jp
組　版　創生社
印　刷　広研印刷
製　本　協栄製本

Printed in Japan 2005
ISBN 4-639-01897-5 C1070